Stahlmann
Ursachen von Wohlstand und Armut

Ursachen von Wohlstand und Armut

Eine Untersuchung der wirtschaftlichen Einflußfaktoren

von

Prof. Dr. Walter Stahlmann

Verlag Franz Vahlen München

Die Deutsche Bibliothek – CIP-Einheitsaufnahme

Stahlmann, Walter:
Ursachen von Wohlstand und Armut : eine Untersuchung der wirtschaftlichen Einflussfaktoren / von Walter Stahlmann. – München : Vahlen, 1992
ISBN 3-8006-1652-1

ISBN 3-8006-1652-1

Satz: Fotosatz Otto Gutfreund, Darmstadt
Druck und Bindung: Buch- und Offsetdruckerei Wagner GmbH, Nördlingen
3 8006 1652 1
Gedruckt auf alterungsbeständigem (säurefreiem) Papier gemäß der ANSI-Norm für Bibliotheken

Vorwort

Viele Menschen leben in absoluter Armut, andere wünschen sich einen höheren Wohlstand, obwohl es ihnen materiell relativ gut geht. Der Wohlstand soll nicht als das höchste Ziel angesehen werden, es gibt viel wichtigere Dinge auf der Erde. Dennoch ist es sinnvoll, sich mit dem Thema zu beschäftigen, da es einen großen Teil der menschlichen Energien in Anspruch nimmt.

Ziel der Überlegungen ist nicht, Ansprüche an die Gerechtigkeit zu formulieren, Umverteilungsmaßnahmen oder -methoden zu entwikkeln oder überhaupt irgendwelche moralischen Wertungen vorzunehmen.[1] Man wende nicht ein, daß dies unsozial sei. Die Ursachen des Wohlstandes aufzuzeigen schafft die Freiheit für jedes Individuum und jede Gesellschaft, zu entscheiden, welchen Wohlstand sie sich wünschen oder welche Werte sie bevorzugen. Wirkliche Freiheit hat nur der Wissende, und deshalb scheint es notwendig, das Thema von Ideologien und Emotionen zu befreien, damit der Mensch entscheiden kann, welche Opfer er bereit ist zu bringen, um die gewünschten Früchte zu ernten. In diesem Zwang zur Entscheidung liegt eine Belastung für die Menschen – sie ist der Preis für die Aufklärung, sich nicht hinter Unbekanntem oder Höherem verstekken zu können, um sich selbst zu bedauern.

Wird das Ziel der Untersuchung erreicht, so können Prognosen aufgestellt werden, die angeben, welches Verhalten einen bestimmten Wohlstand hervorbringt. Es sollen Aussagen getroffen werden, die an der Vergangenheit und Zukunft überprüfbar sind. Deshalb sind der Untersuchung drei Prognosen angefügt. Wenn es Wege gibt, die zu Wohlstand führen und die jeder beschreiten kann, so müßte es

[1] Es wird deshalb auch nicht von der „Sozialen Marktwirtschaft" gesprochen, denn sie ist ein geistiges Konzept, welches „. . . den zwei großen sittlichen Werten – der Freiheit und der sozialen Gerechtigkeit verpflichtet ist." Soziale Gerechtigkeit ist jedoch eine moralisch wertende Kategorie (*Müller-Armack, A.,* Wirtschaftslenkung und Marktwirtschaft, München 1990).

möglich sein, den Neid zwischen den Völkern und Individuen abzubauen. Jede Gesellschaft und jedes Individuum kann auf ‚ihre' bzw. ‚seine' Errungenschaften wie Freiheit, soziale Gerechtigkeit, Wohlstand oder Kultur stolz sein; es müßte dann möglich sein, daß jeder die Werte des anderen achtet, ohne die eigenen gering zu schätzen.

Dieburg, im August 1991 *Walter Stahlmann*

Inhaltsverzeichnis

1 Der Begriff von Wohlstand und Armut

Der Begriff der Armut wird in der Literatur sehr unterschiedlich definiert.[1] Eine umfassende Armutstheorie liegt nicht vor[2], wohl aber zahlreiche Teilansätze mit überwiegend wirtschaftlichem Bezug.

Im inhaltlichen Verständnis wird zwischen absoluter und relativer Armut unterschieden. Absolute Armut liegt vor, wenn minimale Gütermengen zur Sicherung der physischen Existenz des Individuums nicht gesichert sind (Existenzminimum) und nach neueren Auffassungen auch dann, wenn die Grundbedürfnisse des Menschen, die über die Nahrung hinausgehen, die aber zur Erhaltung seiner Persönlichkeit notwendig sind, nicht gegeben sind.[3] Die relative Armut verhindert, daß das Individuum eine Möglichkeit hat, Fähigkeiten zu seiner Existenzsicherung einzusetzen, die ihn am wirtschaftlichen und gesellschaftlichen Leben teilnehmen läßt.[4] Sie führt häufig zu Isolation und psychischen Krankheiten.

Armut ist ein wirtschaftliches, politisches und soziokulturelles Problem.[5] Regelmäßig sind mit der Diskussion von Armut auch Armutsbekämpfung,[6] Arbeitslosigkeit, Ungleichheiten in der Einkommensverteilung und Benachteiligungen bei der Persönlichkeitsentwicklung[7] sowie die kulturellen Rahmenbedingungen, unter denen die Armut auftritt, verbunden.

Das Niveau des Wohlstandes wird traditionell durch das reale Sozialprodukt gemessen.[8] Es können aber auch Faktoren, wie z. B. die Wohnverhältnisse oder die Arbeitsbedingungen, mit einbezogen werden. Das weist auf eine deutliche Ausweitung des Wohlstandsverständnisses hin, welches die Bedürfnisse der Menschen[9] deutlich weiter faßt, da es Lebensbedingungen und ihr subjektives Zufriedenheitsniveau[10] einschließt.

Da die Bedürfnisse, Lebensbedingungen sowie deren subjektive Einschätzung stark individuell bedingt sind, soll unter Wohlstand eine subjektive, differenzierte Befriedigung von Bedürfnissen der Menschen verstanden werden. Die Untergrenze der Bedürfnisse ist die Unterschreitung der absoluten Armut zum Erhalten der Existenz. Eine Obergrenze der Bedürfnisse ist nicht zu bestimmen, da es sie nicht gibt.

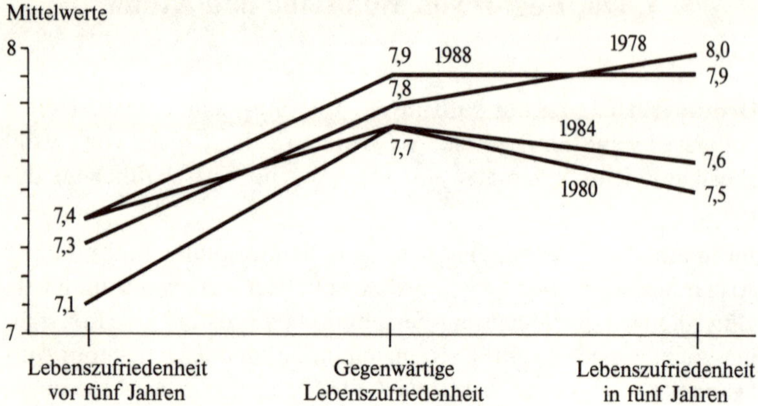

Zufriedenheit in Relation zur Lebenszufriedenheit in der Vergangenheit und Zukunft
(Quelle: Datenreport 4, Zahlen und Fakten über die Bundesrepublik Deutschland, hrsg. vom *Statistischen Bundesamt*, Stuttgart 1990, S. 370)

Wohlstand ist demnach die meßbare Größe von Gütern und Dienstleistungen, realem Einkommen und Vermögen sowie das kulturell bedingte Spannungsverhältnis der Individuen zwischen ihren begrenzten Gütern und materiellen sowie immateriellen Bedürfnissen. Wohlstand ist ein relativer Begriff.

Generell nimmt die Armut weltweit zu[11], wobei die Ursachen sehr unterschiedlicher Natur sind. Sie reichen von einem hohen Bevölkerungswachstum, über eine kulturelle Entwurzelung von Jugendlichen, über geringe Ausbildung bis zur Rauschgiftabhängigkeit, einer verfehlten Sozialpolitik oder hohen Rüstungsetats.

Die absolute Armut in der Welt betrifft bereits heute bedeutende Teile der Weltbevölkerung und steigt weiter.[12] Dies ist um so überraschender, als durch technischen Fortschritt, bessere Kenntnis der ökonomischen Zusammenhänge und ein geschärftes soziales Empfinden eine Verringerung der Armut angenommen werden müßte.

Anmerkungen zu Kapitel 1

1 *Schäuble, G.*, Theorien, Definitionen und Beurteilung von Armut, Berlin 1984; *Enderle, G.*, Sicherung des Existenzminimum im nationalen und internationalen Kontext, Bern 1987; *Enderle, G.*, Sicherung des Existenzminimum für alle Menschen – eine Herausforderung für Ethik und Wirtschaftswissenschaft, in: Ethik und Wirtschaftswissenschaft, Berlin 1985; *Brentano, D. v.*, Zur Problematik der Armutsforschung – Konzepte und Auswirkungen, Berlin 1978; *Timmermann, V.*, Entwicklungstheorie und Entwicklungspolitik, Göttingen 1982; *Hesse, H., Sautter, H.*, Entwicklungstheorie und -politik, Tübingen 1977.

2 *Enderle, G.*, Sicherung des Existenzminimums im nationalen und internationalen Kontext, Stuttgart, Bern 1987, S. 37.

3 International Labour Office (ILO), Employment Growth and Basic needs, A one-world Problem, Genf 1975.

4 *Enderle, G.*, a. a. O. S. 17ff.; *Sen, A.*, Poverty and Famines – An Essay on Entitlement and Deprivation, Oxford 1981.

5 Nach *Enderle* darf Armut „... weder ausschließlich als wirtschaftliches noch politisches noch soziokulturelles Problem verstanden, sondern muß im Zusammenwirken dieser verschiedenen Aspekte untersucht und bekämpft werden.“ *Enderle, G.*, Ethik und Wirtschaftswissenschaften, Berlin 1985, S. 171.

6 *Pearson, L. B.*, Partners in Development, London 1969, International Labour Office (ILO) – Beschäftigung, Wachstum und Grundbedürfnisse, Genf 1976; *Tinbergen, J.* (u. a.), Reshaping the International Order, New York 1976; *Nohlen, D., Nuschler, F.*, Handbuch der Dritten Welt, Hamburg 1982.

7 *Lüthi, A.*, Messung wirtschaftlicher Ungleichheit, Berlin 1981.

8 *Dürr, E.*, Wachstumspolitik, Bern und Stuttgart 1977. In diesem Zusammenhang weist *Timmermann* in bezug auf die Entwicklungsländer darauf hin, daß das Pro-Kopf-Einkommen für viele entwicklungsökonomische Fragestellungen ein brauchbarer Indikator des Entwicklungsstandes zu sein scheint. *Timmermann, V.*, Entwicklungstheorie und Entwicklungspolitik, Göttingen 1982, S. 10.

9 *Alderfer, C. P.*, An empirical test of a new theory of human needs, Org. Behavior and Human Performance (1969), 4; *Maslow, A. H.*, Motivation und Persönlichkeit, Freiburg 1977; *Spinner, W.*, Zu einer allgemeinen, politischen Theorie der Bedürfnisse, Tübingen 1976.

10 *Zapf, W.*, Lebensbedingungen in der Bundesrepublik, Frankfurt 1983; *Glatzer, W., Zapf, W.*, Lebensqualität in der Bundesrepublik – Objektive Lebensbedingungen und subjektives Wohlbefinden, Frankfurt 1984, S. 398.

11 Zur Kennzeichnung der Armutsproblematik in Entwicklungsländern können folgende Indikatoren herangezogen werden:
- ca. 1 Milliarde Menschen leben in absoluter Armut,
- ca. 800 Millionen Menschen haben ein Pro-Kopf-Einkommen unter 150 Dollar,

- es gibt ca. 500 Millionen Hungernde auf der Welt,
- ca. 1,5 Milliarden Menschen sind ohne jede medizinische Betreuung,
- ca. 1,7 Milliarden Menschen haben eine Lebenserwartung unter 60 Jahren,
- ca. 814 Millionen Erwachsene sind Analphabeten,
- für ca. 200 Millionen Kinder besteht keine Möglichkeit des Schulbesuchs.

Bericht an die VII. Gipfelkonferenz der Nichtpaktgebundenen, Autorenkollektiv, Ltg. *Stier, P.*, Handbuch Entwicklungsländer, Berlin 1987, S. 66.

12 Auch unter der Annahme, daß Unschärfen in der Armutsbemessung vorliegen, kann davon ausgegangen werden, daß ca. 32 % der Bevölkerung in Asien, ca. 40 % der Bevölkerung in Afrika und ca. 29 % der Bevölkerung in Lateinamerika in absoluter Armut leben. Autorenkollektiv, Ltg. *Stier, P.*, Handbuch Entwicklungsländer, Berlin 1987, S. 68.

2 Die beeinflussenden Produktionsfaktoren

Güter werden durch die Kombination von Produktionsfaktoren erzeugt.[1] Welche Produktionsfaktoren einer Untersuchung zugrundegelegt werden, ist vom jeweiligen Untersuchungsziel und -objekt abhängig.[2] Die traditionelle volkswirtschaftliche Einteilung in Arbeit, Boden und Kapital mit den dazugehörigen Erträgen, Lohn, Grundrente und Zins, die zusammen mit der Differentialrente das Bruttosozialprodukt ergeben, ist für die vorliegende Betrachtung ungeeignet.

In der neuen volkswirtschaftlichen Literatur werden – ähnlich wie in der Betriebswirtschaftslehre[3] – weitere Produktionsfaktoren, die der jeweils gestellten Frage besser dienen, herangezogen.

Bezüglich des Produktionsfaktors ‚Boden' ist es offensichtlich, daß Gesellschaften mit einer mangelhaften Ausstattung an fruchtbarem Boden wohlhabend sein können, wie z. B. Japan, andere mit sehr guten Böden, wie Argentinien oder die Philippinen, arm sind.

Für die Wohlstandsproblematik kann die Qualität der ökonomischen Nutzung von Böden als industriellem Standort[4] und Rohstoffquelle einerseits und in bezug zur Infrastruktur andererseits von Interesse sein.[5] In der Literatur zur ökonomischen Theorie hat dieser Faktor bisher nur eine untergeordnete Rolle gespielt.

Der Produktionsfaktor Arbeit kann in einer längerfristigen Betrachtung auch nicht als gegeben angenommen werden, da sich die Leistungsbereitschaft und die Leistungsfähigkeit der Menschen in einer Volkswirtschaft nicht nur in Generationen, sondern häufig schon im Laufe eines Jahrzehnts ändern. Hierfür gibt es eine unübersehbare Zahl von Ursachen, die alle aufeinander einwirken, ohne daß eine Quantifizierung möglich ist. Der technische Fortschritt beeinflußt die Art des Zusammenlebens der Menschen elementar. So führen moderne Kommunikationsmöglichkeiten zu einer engeren Verbindung der Kulturen und zu einem schnelleren Wertewandel. Generell ist der technische Fortschritt eine wichtige Komponente für die Steigerung der Produktivität der Arbeit[6] und damit für eine Wohlstandsmehrung.

Es gibt Schätzungen, daß in den Jahren 1950–1962 in den USA 42 % und in den entwickelten europäischen Industrieländern bis zu 75 % des Wachstums des Volkseinkommens auf den technischen Fortschritt zurückzuführen war.[7]

Nicht weniger wichtig sind die indirekten Wirkungen des wissenschaftlich-technischen Fortschritts.

Durch eine sich ändernde Kultur kann auch der Mensch nicht als unveränderlich angesehen werden, womit der ertragswirtschaftliche Ansatz – zumindest bei der vorliegenden Betrachtung – ungeeignet ist. Die Mängel der Nationalökonomie sind nicht nur durch eine Integration in die Sozialwissenschaften zu beheben.[8] Der Mensch ist in seinem ökonomischen Handeln auch verhaltensorientiert. Er besitzt nicht nur eine Kultur (vgl. Abschnitt 4.2), sondern schafft auch eine, die sich in Abhängigkeit zu den Gegebenheiten, ihren Bedürfnissen und der ihnen gewährten Freiheit entwickelt.

Einen Teil dieser Kultur stellen die ökonomischen Rahmenbedingungen dar. Sie umfassen Werte, Normen, Gesetze und materielle Bedingungen, unter denen die Menschen arbeiten. Die ökonomischen Rahmenbedingungen unterliegen damit den gleichen Bestimmungen wie die Kultur und sind lediglich auf das wirtschaftliche Handeln bezogen.

In Verbindung mit allen anderen Kulturwerten sind die ökonomischen Rahmenbedingungen eine entscheidende Motivationsquelle für den Umgang mit Kapital. In Kapitel 3 wird gezeigt, daß Kapital entsprechend den ökonomischen Rahmenbedingungen vorhanden ist und die wirtschaftliche Ergiebigkeit von den Rahmenbedingungen abhängt.

Die ökonomischen Rahmenbedingungen sind es auch, die mit ihrer kulturellen Basis die Qualität des Produktionsfaktors Arbeit, d. h. die Leistungsfähigkeit und die Leistungsbereitschaft der Menschen (vgl. Abschnitt 4.1) sowie die Qualität der Kombination der Produktionsfaktoren Arbeit und Kapital stark beeinflussen. Sie werden damit ein eigenständiger Produktionsfaktor[9], durch den die beiden anderen Faktoren erst wirksam werden können. Es ist folglich darzustellen, wie dieser Produktionsfaktor beschaffen sein muß, um ein gestecktes wirtschaftliches Ziel zu erreichen (vgl. Kapitel 5).

Somit sind die ökonomischen Rahmenbedingungen für die vorliegende Fragestellung neben Arbeit und Kapital der dritte Produktionsfaktor. Zwischen diesen drei Faktoren – Mensch, Kapital und ökonomischen Rahmenbedingungen – herrscht eine gegenseitige Abhängigkeit. Es ist zu untersuchen, wie die Faktoren entstehen bzw. wie sie gestaltet und eingesetzt werden müssen, um eine Wohlstandsmehrung zu erreichen.

Anmerkungen zu Kapitel 2

1 *Woll, A.*, Allgemeine Volkswirtschaftslehre, 10. Auflage, München 1990, S. 54; Handwörterbuch „Produktionswirtschaft", Stuttgart 1984, S. 548; *Neumann, M.*, Theoretische Volkswirtschaftslehre I, 3. Auflage, München 1988, S. 14; *Kern, W.*, Der Betrieb als Faktorkombination, in: Allgemeine Betriebswirtschaftslehre, *Jacob, H.* (Hrsg.) Wiesbaden 1988, S. 126.

2 *Woll* verweist auf den Aspekt der Zweckmäßigkeit bei der Differenzierung der Produktionsfaktoren, während *Bohr* die Gliederung der Produktionsfaktoren auf die Abgrenzung von Problemstellungen bzw. von Untersuchungsbereichen ausrichtet. *Woll, A.*, a. a. O., S. 54 und Handwörterbuch „Produktionswirtschaft", Stuttgart 1984, S. 1481.

3 Handwörterbuch „Produktionswirtschaft", a. a. O., S. 1484.

4 *Woll, A.*, a. a. O., S. 54f.

5 *Frey* macht in diesem Zusammenhang besonders auf das Zeitpräferenzproblem für die Wohlstandsmehrung in Entwicklungsländern aufmerksam. Längerfristig kann dort dauerhafter Wohlstand gefördert werden, wenn die Rohstoffbasis nicht zugunsten raschen Wohlstandes schnell und zu einem niedrigen Preis verbraucht wird, sondern ökonomisch zweckmäßig auf lange Sicht und schrittweise verwertet wird. *Frey, R. L.*, Wachstumspolitik, Stuttgart 1979, S. 84.

6 *Neumann, J.*, Humankapitaltheorie und Probleme des Internationalen Vergleichs – „Vergessene Elemente" der frühen Diskussion und ihre Relevanz für heutige Nord-Süd-Beziehungen im Kulturbereich, in *Clement, W.*, Konzept und Kritik des Humankapitalansatzes, Berlin 1981.

7 *Frey, R. L.*, a. a. O., S. 71f.

8 *Fleischmann, G.*, Nationalökonomie und Sozialwissenschaftliche Integration, Tübingen 1966.

9 Einen ähnlichen Ansatz verfolgt *Siebert,* der unter den Produktionsfaktoren Arbeit, Boden, Kapital, technisches Wissen auch das soziale System als Produktionsfaktor benennt „... Unter dem sozialen System verstehen wir die Gesamtheit der institutionellen Regelungen, die Verfassung, die politische Gewaltenteilung, die Wirtschafts- und Rechtsordnung, die gesellschaftliche Struktur und die Beziehungen zwischen gesellschaftlichen Gruppen". *Siebert, H.*, Einführung in die Volkswirtschaftslehre, Stuttgart, Berlin, Köln 1989, S. 40, 43, 299.

3 Der Produktionsfaktor Kapital

Im Rahmen dieser Betrachtung sollen unter Kapital neben dem Boden nur die Investitions- und Konsumgüter verstanden werden, die als reproduzierbare Größen in das Realkapital (Kapitalstock) eingehen[1] und in Form von Sachkapital und Geldkapital in Erscheinung treten[2].

Kapital umfaßt Güter, die die Produktion – den tertiären Sektor eingeschlossen – ergiebiger machen. Eine wachsende Ausstattung mit Kapital hat regelmäßig eine höhere Ergiebigkeit der Arbeit zur Folge.

Kapitalgüter entstehen durch Verzicht auf derzeitig möglichen Konsum. Bei der Gütererzeugung wird Kapital – abgesehen von dem Sonderfall des Bodens, wo dies nur bedingt der Fall ist – verbraucht. Abschreibungen bewerten diesen Verbrauch in Geld. Die Abschreibungsbeträge stimmen durch die Inflationsfolgen einerseits und den technischen Fortschritt andererseits nicht mit den Reinvestitionen überein, was betriebswirtschaftliche und volkswirtschaftliche Gesamtrechnungen erschwert.[3]

Unabhängig von der Herkunft und dem Umfang der Kapitalgüter ist die Qualität ihrer Verwendung für die Wohlstandsmehrung von großer Bedeutung. Kapital kann in produktive oder unproduktive, private oder staatliche Investitionen gelenkt werden. Ist die Sparquote negativ – d. h. wird mehr konsumiert als produziert, so sinkt der Wohlstand in einer geschlossenen Volkswirtschaft. Dies geschieht regelmäßig durch direkte oder indirekte staatliche Eingriffe in das Vermögen der Bürger. Die Individuen haben üblicherweise das Bedürfnis, ihr Vermögen zu vermehren, sofern ihnen nicht durch die ökonomischen Rahmenbedingungen die Möglichkeit oder das Interesse an dieser Kapitalmehrung genommen wird.[4]

Neben den beeinflußbaren Rahmenbedingungen wirken aber beispielsweise auch veränderte Rohstoffpreise, Naturkatastrophen oder Kriege, die aus der Betrachtung ausgeschlossen werden, da sie nicht vorhersehbar sind. Diese nicht zu beeinflussenden Ereignisse führen besonders bei vorliegender Armut zu einer negativen Sparquote.[5]

Bei einer positiven Sparquote steigt das Vermögen der Bürger, es sei denn, daß der Staat das Vermögen der Bürger freiwillig durch hohe Zinsen oder Abgaben und Gebühren an sich zieht. Dann gibt es für den Staat drei Möglichkeiten der Verwendung:

- Konsumtive Verwendung und damit Vernichtung, z. B. durch eine aufwendige Verwaltung, Rüstung oder bestimmte Formen der Sozialaufwendungen,
- Investition in Bereichen, durch die die künftige Ergiebigkeit der Arbeit der Bürger erhöht wird, z. B. durch eine verbesserte Infrastruktur oder Ausbildung,[3] um die künftige Leistungsfähigkeit der Wirtschaft und der Menschen zu erhöhen und
- Erwerbswirtschaftliche Verwendung.

Ist die Rentabilität der dritten Investitionsart nicht mindestens gleich einer privaten Investition – was in der Praxis kaum vorkommt –, so liegt eine teilweise Kapitalvernichtung vor, sofern keine Umwegproduktion angestrebt wird. Ist der Staat Eigentümer eines verlustbringenden Unternehmens, so entsteht die Kapitalvernichtung zum einen durch die Verluste und zum anderen durch nicht entstandenen Mehrwert, den das Kapital an anderer Stelle erzeugt hätte. Dieser Mehrwert läßt sich durch kalkulatorische Zinsen bemessen.

Wovon ist aber die Ausstattung der Arbeit mit Kapital abhängig? Grundsätzlich entscheiden die Sparer über die Höhe der Kapitalbildung. Für ihren heutigen Konsumverzicht wünschen sie eine möglichst hohe Sicherheit und Mehrung ihres Kapitals.

Gesellschaften, die den freien Kapitalverkehr zu unterbinden versuchen, wird kein Kapital von außen zufließen, denn die Verfügbarkeit über dieses Kapital ist erheblich eingeschränkt. Kapitaleigner eines Landes, in dem der freie Kapitalverkehr unterbunden ist, werden mit legalen oder illegalen Mitteln versuchen, ihre Ersparnisse in einem Land anzulegen, welches über einen freien Kapitalverkehr verfügt.[6] Da ihnen dies regelmäßig weitgehend gelingt (Südamerika, Polen), führt dies zu einer relativen Verarmung der Gesellschaft, zu einer schlechteren Ausstattung der Arbeit mit Kapital und damit zu einer relativ geringeren Produktivität. Es ist deshalb konsequent, wenn diese Gesellschaften Kapital in der Hand von Individuen weitgehend unterbinden.

In Ländern, die einen freien Kapitalverkehr zulassen, muß die Ausstattung der Arbeit mit Kapitalgütern nicht durch die Sparquote in der jeweiligen Volkswirtschaft bedingt sein, da das Kapital international seine günstigste Anlage sucht. Günstig erscheint dem Sparer die Anlage seiner Ersparnisse in einem Land, das ökonomische Rahmenbedingungen besitzt, die die Existenz seines Kapitals nicht gefährden, z. B. keine lang anhaltende Inflation oder geringe staatliche Einflüsse.[7]

Gerät das Land in eine Krise, so wird der Sparer sein Kapital in ein Land transferieren, in dem er es gesichert glaubt, wie sich z. B. an der Dollaraufwertung in Krisenzeiten zeigt. Der Faktor ‚Sicherheit' des Kapitals wird um so bedeutungsvoller, je längerfristig die Investitionen sind.

Günstig ist für den Sparer ein hoher Zins, der für ihn Veranlassung ist, auf Konsum zu verzichten.[8] Der Zins ist – von staatlichen Einflüssen abgesehen – dort am höchsten, wo die mit Kapitalgütern ausgestattete Arbeit den höchsten Mehrertrag erzeugt gegenüber einer Arbeit, die nur mit relativ geringen Kapitalgütern ausgestattet ist. Wann dies der Fall ist, hängt von den weiteren Produktionsfaktoren – der Leistungsfähigkeit und Leistungsbereitschaft des Menschen und den ökonomischen Rahmenbedingungen ab.

Eine Volkswirtschaft mit geringer Sparquote, günstigen ökonomischen Rahmenbedingungen und leistungsfähigen Menschen wird demnach über eine faktisch beliebig hohe Kapitalausstattung verfügen, auch wenn sie arm ist (z. B. Südkorea). Umgekehrt leiden andere Volkswirtschaften, wie Schweden, die relativ reich sind, an Kapitalmangel, da aufgrund der herrschenden ökonomischen Rahmenbedingungen die Sparer ihr Geld in Volkswirtschaften investieren, deren Ökonomie ihnen eine höhere Rendite bzw. Sicherheit verspricht.

Daraus ergibt sich, daß die Ausstattung der Arbeit mit Kapital im wesentlichen nicht davon abhängig ist, ob ein Land eine eigene hohe Kapitalausstattung hat, sondern vielmehr von den Leistungen seiner Bewohner und seinen ökonomischen Rahmenbedingungen.

Jahr	Bestände am Jahresende (Mio DM)	Veränderung (%)
1978	52.703	-
1980	74.353	41,1
1982	95.400	23,3
1984	125.875	20,1
1986	135.791	10,8
1988	165.831	12,2

Deutsche Direktinvestitionen im Ausland
(Quelle: Zahlen zur wirtschaftlichen Entwicklung der Bundesrepublik Deutschland, *Institut der deutschen Wirtschaft*, Köln 1991, Abb. 113 [Auszug])

Anmerkungen zu Kapitel 3

1 *Ehrlicher* weist darauf hin, daß in den Wirtschaftswissenschaften auf keine allgemein anerkannte Definition des Kapitalbegriffs zurückgegriffen werden kann. Er verweist auch darauf, daß in jüngerer Zeit die traditionell unter dem Produktionsfaktor Boden subsumierten Produktionskräfte als „nicht reproduzierbares Naturvermögen" in den Begriff des Kapitalstocks mit einbezogen werden. *Ehrlicher, W.*, Handwörterbuch der Finanzwirtschaft, Stuttgart 1976, S. 951.

2 Spezielle Aspekte des Humankapitals werden im Rahmen dieses Abschnitts ausgeklammert und finden im Abschnitt 4 Eingang.

3 *Ruchti, H.*, Die Abschreibung – ihre grundsätzliche Bedeutung als Aufwandsfaktor, Ertragsfaktor, Finanzierungsfaktor, Stuttgart 1953.

4 *Fischer* zeigt, daß auch in Entwicklungsländern eine zunehmende positive Sparneigung privater Haushalte immer dann deutlich sichtbar ist, wenn sich die finanzwirtschaftlichen Rahmenbedingungen für die Mobilisierung und Allokation von Ersparnissen verbessern. *Fischer, B.*, Sparkapitalbildung in Entwicklungsländern, München, Köln, London 1986, S. 5.

5 *Myrdal, G.*, Ökonomische Theorie und unterentwickelte Regionen, Weltproblem Armut, Frankfurt 1974; *Hesse, H., Sautter, H.*, Entwick-

lungstheorie und Entwicklungspolitik, Tübingen 1977; *Frey, R. L.*, Wachstumspolitik, Stuttgart 1979.

6 *Duwendag, D.*, Kapitalflucht aus Entwicklungsländern, in: *Gutowski, A.* (Hrsg.), Die internationale Schuldenkrise, Berlin 1986, S. 147, *Myrdal, G.*, a. a. O., S. 39.

7 *Nunnenkamp* verweist mit Nachdruck darauf, daß sich die Kreditwürdigkeit eines Entwicklungslandes in dem Maße verbessert, wie es seine Wirtschaftspolitik liberalisiert und mit einem Mindestmaß an staatlichen Eingriffen dem Markt Geltung verschafft. *Nunnenkamp, P.*, Die Rolle der Regierungen in Schuldner- und Gläubigerländern bei der Überwindung von Verschuldungsproblemen der Dritten Welt, Zeitschrift für Wirtschafts- und Sozialwissenschaften (ZWS) 107 (1982), S. 225–242.

8 *Giersch, H.*, Perspektiven unserer Wirtschaft, Köln 1984, S. 14.

4 Der Produktionsfaktor Mensch

Der Wohlstand eines Landes ist abhängig von der Zahl der Güter im Verhältnis zur Anzahl der Menschen. Beide Komponenten sind nicht statisch. Die Versorgung mit Gütern entwickelt sich in Abhängigkeit von der Leistung der Menschen, den ökonomischen Rahmenbedingungen, unter denen sie arbeiten, und der Ausstattung der Arbeit mit Kapital.

Es wurde dargelegt, daß Kapital zur Erhöhung der Effektivität der Arbeit bei entsprechenden Bedingungen – zumindest für eine einzelne Volkswirtschaft – beliebig zur Verfügung steht.

Es soll in diesem Abschnitt untersucht werden, woraus die Leistung der Menschen – zunächst unabhängig von den ökonomischen Rahmenbedingungen – entspringt und welche Auswirkungen sie auf den Wohlstand hat. Dazu ist es notwendig, kulturelle Einflüsse auf die Leistung des Menschen zu beachten und zu ermitteln, ob bestimmte menschliche Eigenschaften in besonderem Maße wohlstandsfördernd sind.

Die Entstehung und Entwicklung einer Kultur und damit der Leistung der Menschen in einer Volkswirtschaft steht in einer engen Beziehung zu den Erziehungszielen dieser Gesellschaft. Es ist demnach der Frage nachzugehen, ob es einen Zusammenhang zwischen bestimmten Erziehungszielen und der Leistung der Menschen und damit dem Wohlstand eines Landes gibt.

Gleichzeitig zu diesen qualitativen Faktoren der Leistungserzeugung durch die Menschen sind quantitative Aspekte zu betrachten. Diese stellen sich im Umfang sowie der Altersstruktur der Bevölkerung dar und sind abhängig von der Bevölkerungsentwicklung, die wesentlichen Einfluß auf den Wohlstand einer Gesellschaft hat.

4.1 Leistung

Die Leistung der Menschen ist abhängig von ihrer Leistungsfähigkeit und Leistungsbereitschaft.[1] Die Leistungsfähigkeit hat eine physische und eine fachliche Komponente. Die physische Komponente ist bei einer gegebenen Güterausstattung in wohlhabenden Ländern regelmäßig ohne Bedeutung.[2] In sehr armen Ländern gibt es einen bestimmten Bevölkerungsanteil, bei dem die Leistungsfähigkeit aus physischen Gründen gering ist.[3, 4] Die zweite Komponente der Leistungsfähigkeit bezieht sich auf das Wissen und Können der Menschen.

Es besteht, bezogen auf den Wohlstand, eine Wechselwirkung, denn der Umfang der Ausbildung beeinflußt den Wohlstand und gleichzeitig ist dieser auch von der Ausbildung abhängig. Von der Quantität und Qualität der Investitionen an Arbeit und Kapital, die eine Gesellschaft in die Ausbildung vornehmen kann bzw. will, hängt der künftige Wohlstand der Gesellschaft ab.

Die künftige Leistungsfähigkeit der Menschen einer Gesellschaft ist damit von drei Größen abhängig:

- Den zur Ausbildung potentiell zur Verfügung stehenden Mitteln, erhebliche Einschränkungen des Konsums der Erwachsenengeneration unterstellt,
- der Investitionsbereitschaft der Gesellschaft, denn auch wohlhabende Gesellschaften müssen ihren Konsum zugunsten der Ausbildung der nächsten Generation einschränken und
- der Qualität der Ausbildung.

Diese Größen sind kulturell bedingt und finden ihren Ausdruck in den Erziehungszielen einer Gesellschaft.

Die Leistungsbereitschaft ist abhängig von der Disposition des Menschen und seiner Leistungsmotivation. Die Disposition hängt von der Biorhythmik und der Beanspruchungssituation ab, die die Leistungsabgabe mit sich bringt.

Die zentrale Größe der Leistungsbereitschaft ist die Leistungsmotivation. Daß Motivation nicht allein aus den Bedürfnissen der Menschen abgeleitet werden kann, geht zurück auf *Murray*.[5] Er legt dar, daß die Motivation des Menschen nicht nur auf dispositionelle Personenfaktoren einzuengen ist, sondern der Mensch einen aktiven Organismus darstellt, der die Situationen gestaltet. Die Motivation des Menschen entsteht damit aus der Interaktion der Personen *(need)* und Situationsfaktoren *(press)*.

Heckhausen versteht darauf aufbauend Motivation als das Wirkungsgefüge vieler Faktoren eines gegebenen Personen-Umwelt-Bezuges, die das Erleben und Verhalten auf Ziele richten und steuern.[6]

Da weder eine Person noch eine Situation vollständig erfaßt werden kann, untersucht *Heckhausen* das Ergebnis unter einem bestimmten Thema (Analyseeinheit des Aktivitätsstroms). Eines dieser Themen (Bedürfnisse) ist das Leistungsmotiv, das in einen Personen-Umwelt-Bezug gestellt wird. Es bildet als Gütemaßstab einen Bezugsrahmen, um die Leistungsabgabe, das Leistungsergebnis und das Leistungsvermögen des Menschen zu beurteilen. „Leistungsmotivation läßt sich danach definieren als das Bestreben, die eigene Tüchtigkeit in allen jenen Tätigkeiten zu steigern und möglichst hoch zu halten, in denen man einen Gütemaßstab für verbindlich hält und deren Ausführung deshalb gelingen oder mißlingen kann.“ Damit wird die Abhängigkeit der Leistung von den Bedürfnissen und der Umwelt dargestellt.

Die Gütemaßstäbe können sich differenziert ausprägen, wenn die Umweltbezüge über längere Zeiträume relativ stabil bleiben. Diese Umweltbezüge behandelt *McClelland* bei seinen Untersuchungen zur Herausbildung und Ausprägung des Leistungsbedürfnisses *(need for achievement)*.[8] Er legt dar, daß Leistungsmotivation und Leistungsbedürfnis ein geistig-seelischer Antrieb zur Steuerung und zum Vollzug des menschlichen Handelns und Verhaltens ist.

Die Leistungsmotivation und die Leistungsfähigkeit – Wissen und Können – bestimmen mit den übrigen Produktionsfaktoren die persönliche Leistung eines Menschen. Integriert in die Leistungen aller ihrer weiteren Mitglieder bringt sie die Gesamtleistung einer Gesellschaft hervor.

Art und Ausprägungsniveau der Motivation – des geistig-seelischen Antriebs – ist als eine kulturelle Größe aufzufassen, so daß besprochen werden muß, welcher Zusammenhang zwischen Kultur und Leistungsmotivation besteht.

4.2 Kultur

‚Kultur' soll als Gegensatz zur ‚Natur'[9] verstanden werden. Es ist das von den Menschen Gemachte. Dazu gehören einerseits die materiellen Größen wie Technologie und Architektur und andererseits Werte, Normen und Symbole. Kultur prägt die menschliche Lebensweise in einer für die Gruppe typischen Art. Sie umreißt Leitlinien und Muster für Verhaltensäußerungen und die Bewertung von Verhaltensresultaten. Kultur[10] stellt eine kollektive Programmierung dar, so daß sie *Vor*gabe und *Vor*wegnahme von Handlungsmöglichkeiten bedeutet. Auf diese Weise werden die Menschen teilweise von Entscheidungen entlastet, ihr Handeln wird stabilisiert und ist aufeinander abgestimmt. Eine Kultur unterscheidet sich von anderen Kulturen und hat tragende Ideen, die sie unterscheiden. Kulturen sind nicht stabil, und es ist – nicht naturgesetzlich, aber regelmäßig – von einer fortwährenden Entwicklung auszugehen.

Die Mitglieder einer Gruppe nehmen die Kultur durch Lernen, Vermittlung, Kommunikation, Symboldeutung u. a. auf. Eine besondere Rolle spielen dabei die Fähigkeiten des Menschen, durch Lernprozesse Erkenntnisse zu sammeln, Erfahrungen bewußt zu verwerten, mittels der Sprache weiterzugeben und so Verhaltensregeln herauszubilden, die ihn vorzugsweise in die Lage versetzen, sich seiner Umwelt anzupassen.

Der Kulturbegriff ist damit zweiseitig: Er ist Bestandteil der Persönlichkeit des einzelnen Individuums und gleichzeitig stellt er das Erscheinungsbild einer Gesellschaft mit ihren Regeln, Institutionen, sozialen, politischen, wirtschaftlichen und technischen Lebensbedingungen dar. Da eine Kultur nicht statisch ist, wird sie von den Menschen geprägt und gleichzeitig prägt sie die Individuen, so daß eine aktive Wechselbeziehung besteht.[11]

Es stellen sich die Fragen, wie eine Kultur entsteht, warum sie sich wandelt, ob man sie erschaffen kann und welche Auswirkungen sie auf den Wohlstand hat. Gibt es kulturelle Komponenten, die eindeutig zu Wohlstand führen?

Wie eine Kultur entsteht, kann nicht vollständig und schlüssig beantwortet werden. Es gibt eine Reihe von Faktoren, die zur Entstehung einer Kultur beitragen, wie z. B. der natürliche Lebensraum der Menschen. Wurden die Menschen in unwirtliche Gegenden verdrängt, weil sie zu schwach waren, sich gegen andere Gemeinschaften zu behaupten? Oder ist es Zufall? Warum entstand in einem unwirtlichen Gebiet wie Tibet eine Hochkultur und warum ging das römische Reich nicht von der wohlhabenden Poebene aus? Dies allein kann noch nicht die Frage beantworten, warum eine Kultur entsteht; äußere Einflußfaktoren auf die Lebensweise können nur Teilantworten geben.

Ein Kulturwandel kann ein lang anhaltender, aber auch ein kurzfristiger Prozeß sein. Selbst im nachhinein sind die Begründungen für den Wandel meist nur Vermutungen. Warum hat sich in der zweiten Hälfte der sechziger Jahre in der Bundesrepublik Deutschland die „moralische Triebfeder" *(Kant)* von einer Verantwortungsethik, die weniger an die Motive als an die voraussichtlichen Folgen ihres Handelns denkt, zu einer „Gesinnungsethik" *(Max Weber)* der absoluten Moral der reinen Absichten gewandelt? War es nur ein Nachholen der unterlassenen Vergangenheitsbewältigung der Väter? Warum haben wir in den achtziger Jahren einen neuen Kulturwandel? Sind es die Einflüsse von außen – z. B. die neue Stellung Deutschlands in der Welt, der Zerfall des ‚realen Sozialismus' –, die die alten Werte zerbröckeln lassen? Wir kennen noch nicht einmal die geistigen Auswirkungen der 68er Generation mit ihren beiden Säulen –dem Gewalttabu und dem Antifaschismus – auf das Bewußtsein der Bürger in der alten Bundesrepublik. Wohl wissen wir, daß der Einfluß auf das Bildungssystem beachtlich war und anhält. Aber welchen Einfluß hat das auf die heutige Jugend? Ist ihre offensichtlich vorhandene „Verantwortungsethik" nur eine Opposition auf ihre Väter oder sind es ganz andere Einflüsse?

Zur Zeit wird in Japan ein Kulturwandel beobachtet. Er zeichnet sich aus durch absinkende Geburtenraten und verringerte Arbeitsmoral, steigende Sehnsucht nach Privatem, sinkende Opferbereitschaft, mehr Sehnsucht nach Kunst, abnehmende Loyalität, d. h. auch der bedingte Verzicht auf lebenslange Anstellung oder Unternehmen gegenseitig mit Gehaltsforderungen auszuspielen.

Für einen Kulturwandel gibt es eine Vielzahl von Erklärungen; die Ursachen sind im einzelnen nur bedingt erkennbar. Auch die Folgen eines Kulturwandels für den Wohlstand sind kaum zu erfassen. Sie sind häufig gegenläufig und die Intensität der unterschiedlichen Einflußfaktoren ändert sich im Laufe der Zeit.

In den siebziger Jahren fand in der Bundesrepublik eine Veränderung der Einstellung der Menschen zur Arbeit statt. Die Bedeutung der Arbeit für die Menschen sank, was wohlstandsmindernd ist. Andererseits stieg tendenziell das Freiheitsbedürfnis und die Eigenverantwortung der Menschen, was sich wohlstandsmehrend auswirkt.

Es stellt sich die Frage, ob man Kultur bewußt schaffen kann.[12] Gelänge dies, so ließe sich dadurch Wohlstand erzeugen. Es ist möglich, Vorschriften und Regeln zu erlassen, Werte und Einstellungen zu propagieren, Beispiele und Vorbilder zu geben.

So war z. B. die Führung der ehemaligen DDR mit hervorragenden Machtmitteln ausgestattet, um die Jugend zu beeinflussen. Gerade die Jugend hat aber insbesondere in den achtziger Jahren die dort vermittelten Werte keineswegs verinnerlicht. Ob und in welchem Maße sich die kulturellen Vorstellungen eines einzelnen oder einer Gruppe in der Gesellschaft durchsetzen, hängt weitgehend vom Umfeld ab. Je weiter sich die Werte derer, die Kultur schaffen wollen von denen der Gesellschaft entfernen und je stabiler die Wertvorstellungen in der Gesellschaft sind, desto weniger wird es gelingen. Wer Kultur schaffen will, ist nur eine Größe im Parallelogramm. Es kann demnach nur bedingt gesagt werden, wie eine Kultur entsteht, wohl aber, daß das menschliche Verhalten durch sie geprägt wird und der Mensch sie gleichzeitig beeinflußt.

„Kultur ist weder natürlich noch künstlich, weder genetisch übermittelt, noch rational entworfen. Sie ist eine Tradition erlernter Verhaltensregeln, die niemals erfunden worden sind, und deren Funktion die handelnden Individuen gewöhnlich nicht verstehen."[13]

Mangelndes Wissen über die Entstehung, den Wandel und die Machbarkeit einer Kultur entbindet aber nicht von dem Versuch zu fragen, welche Kultur bzw. welche Kulturkomponenten wohlstandsfördernd sind und welche ihn hemmen, welche Abhängigkeiten zwischen der ‚Kultur' und dem ‚Leistungsverhalten der Menschen' in bezug auf Wohlstand und Armut bestehen. Geht man der Frage nach, welchen Quellen die Bereitschaft des Menschen entspringt, seine ihm naturgemäß innewohnenden und erworbenen physischen, psychischen und geistigen Kräfte in den Wirtschaftsprozeß einzubringen, so ist zunächst die Befriedigung individueller Bedürfnisse ausschlaggebend. „Das Selbstinteresse ... ist der kraftvolle Motor für die ökonomische, politische und kulturelle Entfaltung und Entwicklung sowohl des einzelnen als auch des Gemeinwesens."[14]

Dieses Selbstinteresse wird erst dann eine Quelle wirtschaftlicher Aktivität, wenn die Möglichkeit besteht, die individuellen Interessen durch das soziale Zusammenleben der Menschen in einer Gesellschaft zu befriedigen, d. h. daß gemeinschaftlich und arbeitsteilig produziert wird und die Konsumtion den Austausch einschließt.[15] Inwieweit Selbstinteresse in diesen komplexen Wechselbeziehungen zwischen Individuum und Gemeinschaft als Motiv für Aktivität anerkannt wird und welcher Spielraum für die Entfaltung von Selbstinteresse gegeben ist, hängt von den Normen- und Wertevorstellungen ab, die in der Gemeinschaft gelten und die kulturell bedingt sind.

Wenn sich Kultur im Leistungsbedürfnis der Menschen wohlstandsfördernd entfalten soll, müssen Bedingungen gegeben sein, die ihn zur Leistung herausfordern.[16] Hierzu gehören:

- Der Mensch muß durch die Kultur – die durch die Erziehung transformiert wird – einen intensiven Bezug zur Arbeit erhalten.
- Es müssen Rahmenbedingungen vorhanden sein, damit die Bürger ihr Selbstinteresse verwirklichen können.
- Die Kultur einer Gesellschaft bestimmt, inwieweit der Mensch Arbeit erhält und welche Arbeitsbedingungen vorliegen.

Welches sind die kulturellen Grundlagen, die die Menschen veranlassen, Leistungen zu erbringen, einen intensiven Bezug zur Arbeit zu entwickeln – und damit Wohlstand zu schaffen?

Zunächst wird die Motivation des Menschen durch die Befriedigung seiner Bedürfnisse nach Gütern und sozialem Status geprägt. Seine Leistung steigt, wenn ihm die Gesellschaft durch ihre Rahmenbedingungen die Möglichkeit gibt, seinen Ertrag zu steigern und ihn weitgehend ungeschmälert zu konsumieren. Dieser Aspekt kann aber nur bedingt wohlstandsmehrend sein, denn jeder arbeitet danach nur soviel, wie er in seinem Leben zu konsumieren gedenkt. Es müssen andere, weitere ‚Triebkräfte' im Menschen vorhanden sein, die sein Leistungsbedürfnis über sein materielles Konsumbedürfnis hinaus steigern.

Die sittlichen und moralischen Normen und Werte einer Kultur sind es, die die Menschen veranlassen, mehr Energie in die Arbeit zu investieren als es zur Befriedigung der materiellen Bedürfnisse notwendig ist.

Das ‚Bedürfnis nach Leistung' ist ein Bestandteil des Normen- und Wertesystems[17] einer Kultur. Der einzelne mißt sein Leistungsverhalten an diesem Wertungsrahmen und setzt sein Leistungsverhalten in Relation zu den anderen Mitgliedern der Gesellschaft. Eine erste wesentliche Größe dieses Normen- und Wertesystems, der wohlstandsmehrende Wirkung zuzuschreiben ist, ist deshalb der Grundsatz der Allgemeingeltung von Normen.

Um die Lebensbereiche einer Gesellschaft ständig besser und vollkommener gestalten zu können, ist es – insbesondere in einer Welt, die sich in einer raschen Bewegung befindet – notwendig, daß das Prinzip der Offenheit[18] nicht nur ein Lippenbekenntnis ist, sondern von den Individuen in hohem Maße verinnerlicht und aktiv praktiziert wird. Die Beobachtung zeigt, daß Bedürfnisse der Individuen nicht zwangsläufig identisch sind mit den Vorstellungen des Kollektivs. Soll die Leistungsbereitschaft der Bürger gefördert werden, so ist ihm langfristig Freiheit zu geben und diese ist zu erhalten. Dadurch wandelt sich die Kultur des Individuums. Der evolutionäre Individualismus[19] betont die sich anpassende Entwicklung einer Wirtschaftsordnung. Eine Gesellschafts- und Wirtschaftsordnung entwickelt sich nicht rationalistisch, als Konstrukt der menschlichen Vernunft; vielmehr wächst die Ordnung, die sich historisch am besten bewährt. Damit wird der Mensch mit seiner Fähigkeit zu lernen und sich aktiv gestaltend anzupassen in den Mittelpunkt gerückt.

In diesem von Normen, Offenheit und evolutionärer Sichtweise geprägten Mensch-Umwelt-Rahmen kann sich der ‚Unternehmer' mit seiner Innovationskraft[20], die eine schöpferische Zerstörung bedingt, umfassend entwickeln und zur vollen Wirksamkeit kommen.

Dies scheinen die kulturellen Größen zu sein, die in besonderem Maße wohlstandsmehrend sind. Sie setzen unabdingbar die Freiheit und Eigenverantwortung der Menschen voraus.

Eine Überprüfung dieser Annahme ist angetan und scheint am ehesten möglich, wenn man, *McClelland*[21] folgend, bestimmte Erziehungsziele einer Gesellschaft vergleicht mit den dadurch entstehenden Wesensmerkmalen einer Wirtschaftsordnung und ihrer ökonomischen Leistungskraft.

4.3 Erziehung

4.3.1 Notwendigkeit der Erziehung

Einigkeit besteht über die Frage, daß der Mensch erzogen werden muß und daß er erziehbar ist.[22, 23] Als zentrale Problemstellung ist dabei der Zusammenhang zwischen Erziehung, Persönlichkeitsentwicklung, Kultur und Gesellschaft zu sehen.

Der Zielpunkt der Erziehung ist die Prägung des Individuums als Persönlichkeit. Im Rahmen des Sozialisationsprozesses wird der Erziehung die bewußt und planmäßig gestaltende Einflußnahme auf die Persönlichkeitsentwicklung zugeordnet und gleichzeitig die aktive Rolle des Menschen in seinem lebenslang andauernden Auseinandersetzungsprozeß mit seinen Lebensbedingungen und seiner Person betont.[24]

Die sozial handlungsfähige Persönlichkeit wird außerdem durch den unbewußten Prozeß der Übernahme von Werten, Überzeugungen und Motiven *(Enkulturation)*[25] geprägt. Beide die Persönlichkeitsentwicklung maßgeblich bestimmenden Prozesse sind in starkem Maße kulturell determiniert. Nach den Maßstäben dieser jeweils gesetzten Normen und Wertvorstellungen wandeln sie das Gefüge der psychischen Disposition – das Gefüge von Merkmalen, Einstellungen und Verhaltensweise. Wandlung ist zu verstehen als Herausbilden, Verstärken, Erhalten und Korrigieren dieses Gefüges gemäß der allgemeingültigen Werte.[26]

Die Erziehung wird notwendig, da der Mensch nicht ausschließlich allein in der Lage ist, die geistig-kulturellen Werte und praktischen Lebensformen seiner Gemeinschaft aufzunehmen. Er bedarf dazu Vermittlern – Familie, Schule, Arbeitsgruppe u. a.[27] Die Erziehung ermöglicht die Entfaltung der persönlichen Handlungsfähigkeit, über die gesellschaftliche Normen bestätigt werden, das Individuum selbstgestaltend an der Erneuerung dieser Normen mitwirkt oder indifferent reagiert.

Erziehung ist also notwendig im Interesse der Persönlichkeitsformung des Individuums und zugleich Bedingung zur Erhaltung, zum reibungslosen Funktionieren und zur Fortentwicklung der Gemeinschaft. Sie ist als Ziel-Mittel-Verhältnis zu verstehen. Angestrebt werden bestimmte Erziehungsziele, Mittel dazu ist der jeweils gesetzte Erziehungsstil, auch das institutionalisierte Erziehungssystem.

Bekommt ein Mensch detaillierte Anweisungen, so kann er nur einen Teil seiner Fähigkeiten einbringen – er muß eine bestimmte Aufgabe in einer vorgegebenen Weise ausführen. Teile seiner Leistungsfähigkeit und Leistungsbereitschaft liegen brach. Da die Aufgaben von vielen erbracht werden, müssen sie so gestaltet werden, daß sie üblicherweise erfüllt werden können. Die Anforderungen sind folglich relativ gering.

Gelingt es, daß der Mensch seine Aufgaben in Freiheit und Eigenverantwortung erfüllt, so wird die Leistung steigen und der Wohlstand zunehmen.

Teile der Betriebswirtschaftslehre und die Praxis ringen aus diesem Grund um eine Stellenbildung *‚ad personam'*, obwohl eine Stellenbildung *‚ad rem'*, insbesondere bei einer Neubesetzung der Stelle unkomplizierter ist. Die Stellenbildung ‚ad personam' ist organisatorisch problematisch, da der Unternehmensaufbau mit einer Reihe von Sonderregelungen belastet wird. Dennoch wird sie insbesondere bei dynamischen Unternehmen bevorzugt, da auf diese Weise der Mitarbeiter seine Leistungsfähigkeit und Leistungsbereitschaft in hohem Maße entfalten kann. Voraussetzung ist aber, daß der Mensch in der Lage ist, die ihm gebotene Freiheit zu tragen und für sein Handeln die Verantwortung zu übernehmen.

Freiheit ist nicht absolut, es sind naturhafte sowie geschichtliche und gesellschaftliche Bedingungen und Vorgegebenheiten die Voraussetzung dafür, daß der Mensch sich überhaupt frei verhalten kann.

Die Ausübung der Freiheit auch in seiner wirtschaftlichen und sozialen Umwelt verlangt vom Menschen Selbstbestimmung (Ich-Bezug), verwirklicht in der Idee vom Selbstinteresse[28], zugleich die Zuwendung zu Gegenständen, Prinzipien und Personen des Wirtschaftens und die Identifikation mit dieser Aufgabe. Freiheit und Selbstinteresse korrespondieren eng mit dem Leistungsbedürfnis, der zentralen Schlüsselgröße für die Wohlstandserzeugung. Die Herausbildung des Leistungsbedürfnisses vollzieht sich in besonderem Maße über die Erziehung.

„Soziale und wirtschaftliche Bedingungen bestimmen das Ausmaß, in welchem eine Generation ihre Kinder schon frühzeitig eine Erziehung zur Selbständigkeit angedeihen läßt. Frühe und späte Erziehung zur Selbständigkeit erzeugt vermutlich eine jeweils bestimmte Charakterhaltung in den Kindern und disponiert zu einem bestimmten Leistungsniveau, welche die Energie und den Erfolg determinieren, mit denen sie später Unternehmen, besonders wirtschaftliche beginnen – die wiederum die sozialen und wirtschaftlichen Bedingungen modifizieren werden, die sich auf die Erziehung der nächsten Generation auswirken."[29]

McClelland zeigt in seinen Untersuchungen, daß das Leistungsbedürfnis entscheidend in der früheren Kindheit geprägt wird.[30] Er kommt zu dem Ergebnis, daß das Leistungsbedürfnis im wesentlichen von folgenden Größen geprägt ist:

- Erziehung zur Selbständigkeit;
- Vermittlung der elterlichen Wertvorstellung durch eine gefühlsbetonte Erziehung in einer vollständigen Familie mit ausgeprägter Rollenverteilung der Eltern, wobei die Vorbildfunktion eine ebenso große Rolle spielt wie das Setzen von Sanktionen;
- Einfluß des Leistungsniveaus und der Zugehörigkeit der Eltern zu bestimmten sozialen Schichtungen, wobei die Leistungsmotivation der Kinder um so größer ist, je höher der Bildungsstand der Eltern liegt; der Bezug zu materieller Belohnung um so ausgeprägter ist, je niedriger der soziale Status der Eltern liegt und die Aufstiegsmobilität der Kinder mit dem Sozialstatus der Eltern korrespondiert.

McClelland untersucht ferner die Bedeutung der Religion für die Leistungsmotivation mit Bezug auf *Max Weber* und findet dessen Zusammenhang zwischen der protestantischen Ethik und der Leistungsmotivation in den USA, nicht aber in Deutschland bestätigt.[31] Eine Antwort scheint darin zu liegen, daß eine Religion eine unmittelbare zentrale Stellung in der Kultur einer Gesellschaft haben muß, um direkte Auswirkungen zu besitzen.

Die zentrale Rolle in *McClellands* Untersuchungen spielt der Nachweis, daß ein Zusammenhang zwischen der „aktiven Haltung des Menschen zur Umwelt" (Leistungsbedürfnis) und der Mehrung des Wohlstandes besteht.

Welchen Erziehungszielen entspringt diese „aktive Haltung zur Umwelt"? Die Erziehung zur Selbständigkeit bleibt eine formale

Größe, sofern sie nicht Entscheidungsalternativen einschließt. Es genügt nicht, daß der zu Erziehende selbständig eine vorgegebene Tätigkeit ausführt. Er muß dem Zwang ausgesetzt sein zu wählen, ob er die eine oder andere Tätigkeit verrichtet oder nicht. Hat er – in Freiheit – die Wahl getroffen, so muß er die Verantwortung für seine Entscheidung und sein Tun übernehmen.

Eine solche „aktive Haltung zur Umwelt" stellt ein stabiles Persönlichkeitsmerkmal dar. Sie ist abhängig von der Fähigkeit und Bereitschaft, Freiheit zu tragen und Eigenverantwortung zu übernehmen. Menschen mit diesen Grundmerkmalen der Persönlichkeit werden sich anspruchsvolle und zugleich realistische Ziele setzen, ein kalkuliertes Maß an Risiken übernehmen, Eigeninitiative entwickeln, komplexe Aufgabenstellungen bevorzugen und eine Kontrolle ihrer Handlungen wünschen, um ihre künftige Leistung zu verbessern. Sie werden zielbewußt handeln, sind flexibel in ihren sozialen Beziehungen, ohne in Bindungslosigkeit zu verfallen und offen für Anregungen von außen, da ihr Selbstbewußtsein ausgeprägt ist. Höhere Motivationsebenen (Abschnitt 4.2) rücken in den Vordergrund.

Erziehungsziele, die dieses Menschenbild fördern, werden Persönlichkeiten herausbilden, die Wohlstand nicht nur für sich anstreben, sondern auch die regionalen, nationalen und internationalen Gemeinschaften hilfreich sind. Sie werden ihre Ideale hoch schätzen und die anderer respektieren; sie werden lernfähig sein, um führen zu können.

4.3.2 Historische Beispiele

Da es keine allgemein anerkannte Theorie über die richtige Erziehung gibt – was wohl aufgrund der Vielzahl von unterschiedlichen Erziehungszielen auch nicht möglich erscheint – soll versucht werden, anhand von Beispielen aus unserem Kulturkreis einen Zusammenhang von Erziehung und Wohlstandsentwicklung darzustellen.

Erziehung in der Antike

Sparta

Die bekannte spartanische Ausbildung ist ausschließlich auf den Staat und das Gemeinwesen gerichtet. Dazu gehörte der Kadavergehorsam, das Üben in der Brutalität, der selbstverständliche Kindermord. Raum für die Ausprägung der Individualität ist kaum gegeben. Bildung und Erziehung gelten lediglich als Voraussetzung, um im Gemeinwesen zu wirken.

Die spartanische Gesellschaft ist eng. Wohlstand gibt es – gleich in welcher Form – kaum. Die Armee ist im Gegensatz zur Flotte Athens wenig aufwendig, bedeutende Sakral- oder Luxusbauten entstehen nicht.

Athen

Ein Grundpfeiler der Kultur ist die Gesetzlichkeit. Die Gesellschaft fördert zwar gemeinschaftliche Erziehungseinrichtungen, aber erzogen wird der einzelne zur Individualität, wodurch er gleichzeitig der Gemeinschaft förderlich werden soll. Anliegen ist eine umfassende Allgemeinbildung für breite Teile der Bevölkerung. Sie umfaßt die physische und musische Erziehung in ihrer Vielfalt sowie die Erziehung zu Menschlichkeit, zur Bewahrung von Werten.[32] Im Mittelpunkt der Erziehung steht der Mensch; er soll schön, frei und gerecht werden. Es handelt sich um idealistische Werte.

Athen ist eine reiche Gemeinschaft, die die Kraft hat, internationalen Handel zu treiben, gewaltige Investitionen in Kunstbauten vorzunehmen und es sich leisten kann, weite Teile der Bevölkerung mit kulturellen Aufgaben zu beschäftigen.

Die Kolonisationsleistungen sind nicht staatlich organisiert. Die Stadtgemeinde gibt nur den Rahmen vor; sie sind in hohem Maße auf das Individuum abgestellt. Der Zusammenhang von einer Erziehung zur Freiheit und wachsendem Wohlstand wird deutlich.

Rom

Die Römer sind bäuerlicher Herkunft, so daß die Festigkeit der Familie eine große Rolle spielt. Die Charakteristika der vorherrschenden römischen Erziehung sind: Familienbindung, Disziplin, sorgfältige Erziehung, die sich auf praktische Bedürfnisse der Individuen ausrichtet und die Rechtsstaatlichkeit. Die Erziehungshoheit liegt beim Vater. Die Erziehung ist rauh, Musik gibt es wenig, der spielerische Wettstreit findet nicht statt. Im 3. Jahrhundert wird der griechische Einfluß durch das Einsetzen von Sklaven als Erzieher verstärkt,[33] was bei Autoren wie *Tacitus* nicht ohne Kritik bleibt.

Aber auch die barbarisch strenge Disziplin wird von *Quintilian*, der sich damit nicht allein weiß, heftig kritisiert. Der elementare Unterricht befaßt sich mit Lesen, Schreiben und Rechnen, die höheren Schulen mit Rhetorik, Recht und Orthographie. Getragen wird die Erziehung jetzt von den Bildungspaaren Gymnastik und Musik einerseits sowie Beruf andererseits. In dem Maße, wie die Bedeutung des besten Standes abnimmt, tritt die Individualethik durch die *Stoiker, Epikuräer* und andere hervor.

Die historische Leistung der Römer ist – was sicher kein Zufall ist – ihre Wirtschafts- und Sozialordnung, der organisatorische Aufbau des Weltreiches und die militärischen Leistungen. Der Wohlstand der römischen Gesellschaft ist groß, aber nicht vergleichbar mit dem der Athener.

Erziehung im Mittelalter

Auch für das Mittelalter lassen sich unterschiedliche Entwicklungsphasen abheben, die den Zusammenhang zwischen Erziehung sowie gesellschaftlicher und wirtschaftlicher Entwicklung zeigen können.

Frühes Mittelalter

Die Armut ist kennzeichnend. Der Mensch ist unfrei. Eine Erziehung, die ihn zu größerer Leistungsfähigkeit oder -bereitschaft veranlaßt hätte, gibt es nicht. Das Bild vom Menschen ist dogmatisch kirchlich geprägt; darauf ausgelegt sind auch die Erziehung und die Bildung. Von dominierendem Einfluß ist die klösterliche Erziehung. Höfische Erziehung und die Vermittlung berufspraktischer Fertigkeiten ergänzen die erzieherischen Einflüsse, sind aber für die Masse der Bevölkerung ohne nachdrückliche Wirkung auf ihre Leistungsbereitschaft.

Die Entwicklung wird gehemmt durch eine Erziehung, die sich an Traditionen orientiert. Die Maßgeblichkeit des religiös-dogmatischen erzwingt Gehorsam und Unterordnung unter kirchliche und weltliche Autorität. Menschliches Wollen und Selbstbehauptung werden eingeschränkt.[34] Die Weltabgewandtheit wirkte als Fessel der wirtschaftlichen Entwicklung.

Die Leistungen werden regelmäßig durch ein Kollektiv erbracht. Das Kollektiv – Rittertum oder Kirchenorden – stehen im Vordergrund; das einzelne Individuum ist von relativ geringer Bedeutung.

Die Erziehungshoheit liegt in den Händen der Kirche und ist durch Klöster und Klosterschulen institutionalisiert. Erste Ansätze, die Erziehung aus diesen Fesseln zu lösen, ergehen von den kritischen Geistern der Kirche selbst.

Ägidius Romanus (1245–1316), Schüler des *Thomas von Aquin*, Augustinereremit und späterer Ordensgeneral, verfaßte am Ende des 13. Jahrhunderts eine Erziehungslehre, die größte literarische Verbreitung fand und wesentliche Impulse für das Neuverständnis von Erziehung gab.

Sie stützt sich auf die kritische Auseinandersetzung mit *Aristoteles* und dessen Nikomachischer Ethik. Das Wohl des Kindes wird von der Selbstliebe des Vaters her interpretiert, ein Eigenrecht des Sohnes besteht noch nicht, so daß es bei der Erziehung auch kein Korrektiv durch das Kind geben kann. Wenngleich damit dem Vater das absolute Primat in der Erziehung des Kindes eingeräumt wird, deutet sich auch ein Wandel in der Stellung der Frau bei der Erziehung an.

Es gibt umfangreiche Erzählungen, wie Tugendhafte ihre Kinder aufziehen. Dies mag auch mit dem Wandel der sonstigen Stellung der Frau im Alltagsleben zusammenhängen. Die Einbindung der Männer in das weltliche und klösterliche Lehenswesen verlangt zwangsläufig eine breitere wirtschaftliche Aktivität der Frau im Familienverband.[35]

Erziehungsinhalte wurden nach den Lehren des *Ägidius Romanus* sorgfältig abgestuft:

- bis zum 7. Lebensjahr erfolgt keine eigentliche Unterweisung, aber die Gewöhnung an Zucht und Maß;
- bis zum 14. Lebensjahr hat die Erziehung des Willens und die Gewöhnung an gute Sitten zu erfolgen;
- vom 14.–21. Lebensjahr ist die Erziehung der Erhellung des Verstandes gewidmet.

Spätes Mittelalter/Renaissance

Die Entwicklung des späten Mittelalters zeigt, daß mit der Entstehung des Bürgertums ein Wandel in Erziehung und Wohlstandsentwicklung eintritt.

Je freier die Gemeinwesen werden (Reichsstädte), desto individueller ist die Erziehung und umso größer der relative Wohlstand. Es vollzieht sich ein allmählicher Kulturwandel, der sich auch darin ausdrückt, daß die Erziehung nicht mehr allein auf das Kollektiv, sondern auf das Individuum ausgerichtet ist. Der Wohlstand nimmt zu, die Bevölkerung vermehrt sich, eine gewaltige Kolonisationsleistung wird möglich. Wissenschaft, Bildung und Kunst können sich entwickeln.

Das Leben der bürgerlichen Renaissancefamilie bietet günstige Bedingungen für Erziehung und Bildung des Kindes bereits in frühen Entwicklungsphasen.[36] Nach intensiver Betreuung der Kleinkinder durch Mütter oder Ammen kam die Zeit der Familienpflege in Großfamilien. Die Leistungsbereitschaft wird durch den Übergang in eine berufliche praktische Ausbildung mit strengen Lehrherren oder die geisteswissenschaftliche Ausbildung an den Universitäten herausgefordert. Die Freiheit, die die Menschen durch ihre Erziehung erhalten, wird nur teilweise verarbeitet – die Auswüchse sind bekannt – die materiellen und kulturellen Ergebnisse dieser relativ freien Erziehung sind jedoch in der unglaublichen Kreativität der Renaissance sichtbar. Es zeigen sich einerseits der Zusammenhang zwischen Freiheit und Wohlstand und andererseits auch die Folgen, wenn die Freiheit nicht mit der Eigenverantwortung korrespondiert.

Protestantismus

Erasmus von Rotterdam (1469–1536) beendet das spätmittelalterliche Erziehungsdenken. Das Kind ist für ihn gut und seine bösen Neigungen zum guten Teil Folge pädagogischer Unfähigkeit. Seine Erziehungslehre ist durchdrungen vom Humanismus und baut auf der Betonung der Subjektivität des Menschen auf.[37]

Im Mittelpunkt steht das Individuum. Kirche und Staat werden reduziert auf Mächte, die ihre Begründung im Menschen haben. Daraus erwachsen Grundlagen für die Freiheit des Menschen und seine Selbstverwirklichung in der Gesellschaft. Hier liegt eine Verbindung zwischen antikem und christlichem Erziehungsdenken vor. Einerseits kommt der Mensch Gott sehr nahe, andererseits wird das Evangelium ein pädagogisches Hilfsmittel. Er wendet sich mit Nachdruck gegen ‚Nichtwissen' und ungebildete Frömmigkeit. Bildung darf nicht nur einem ausgewählten Kreis zugänglich sein. Die Ausbildung vieler menschlicher Begabungen kann als Quelle breiter Wohlstandsmehrung angesehen werden.

Die Erziehungsmethoden des *Erasmus* sind ausgelegt auf die Prägung im frühen Kindesalter und verbinden Spiel und Lernen in harmonischer Weise. Er verlangt vom Erzieher Milde, Freundlichkeit, polemisiert gegen den Stock, preist die Familienerziehung und spricht sich sogar für eine höhere Mädchenerziehung aus. Daneben steht jedoch eine starke Disziplinierung.

Eine starke Ausprägung erhält die Erziehungslehre des Protestantismus durch *Martin Luther* (1483–1546). *Luther* war es ein großes Anliegen, die Ursachen für die Würde und Pflicht der Eltern aus der Bibel herzuleiten. Im Gegensatz zu der bisherigen alleinigen Erziehung durch den Klerus setzte er sich besonders in der Auslegung zum 4. Gebot für die Familienerziehung ein.[38] Er stellt der Klerus-Erziehung die aus dem Wort Gottes stammende Berufung der Eltern gegenüber. Und Eltern sind für *Luther* nicht nur Väter, sondern auch Mütter.

Seiner Erziehungsbegründung liegen vier Motivationsquellen zugrunde:

- Gebot *(mandatum)*, abgeleitet aus der Bibel,
- Vernunft *(ratio)*, hierzu gehört die natürliche Unfähigkeit der Kinder, sich in ihrer ungebundenen Art selbst zu leiten und zu lehren und die Notwendigkeit der Nachwuchserziehung ‚... redlich für Gott und die Welt',
- Gefühl *(affectus)*, die rechtschaffene natürliche Liebe,
- Sitte *(traditio)*, dazu gehört nicht nur die Tradition elterlichen Erziehens, sondern auch die Eliminierung falscher Elternliebe, denn vom Kind her gesehen besteht eine Resistenz gegen allzu große und unregelmäßige Schwankungen in der Erziehung.

Ganz entscheidend tritt als weitere Motivationsquelle des Erziehens die Ableitung der Elternpflicht aus der Würde des Kindes. Und damit gibt *Luther* eine Antwort auf die sowohl im Laufe der Geschichte wie auch quer durch alle modernen Erziehungslehren immer wieder auftauchende Frage, ob das Kind zum Menschen gemacht werden muß oder ob man seine natürlichen Anlagen einfach wachsen lassen muß.

Luther geht von einer durch Christi Opfertod begründeten Gleichrangigkeit des Kindes mit dem Erwachsenen aus. Die Kinder haben diese Heilszusage ein für alle Mal erworben. Dienst an Christus ist der schlichte Dienst der Eltern an ihrem Kind. *Luther* wendet sich schroff gegen die faktische Verfallenheit pädagogischen Denkens, gegen erziehungshemmende Mächte außerhalb und innerhalb der Familie. Es handelt sich um höchst individualistische Erziehungsziele, die in für Luther allgemeingültige Normen eingebettet sind. Wenngleich Luther in seinen Lehren der täglichen Daseinsbewältigung, die von sozialen Bindungen abhängt, wenig Bedeutung beimißt, so sieht er doch im Beruf und der wirtschaftlichen Tätigkeit den Dienst am Wohl des Nächsten.[39] Er erteilt den Erziehern eine Absage, die ihre pädagogische Weisheit zur letzten Ursache erheben. Luther sieht die Pervertierung der Erziehungsbegründung im Problem des Erfolges. Er vernachlässigt damit das rein wirtschaftlich bezogene Erfolgsdenken, welches lediglich auf unmittelbare Gütererzeugung ausgerichtet ist, zugunsten der höheren Motivationsquellen.[40]

Es stehen Freiheit und Verantwortung gleichberechtigt neben dem materiellen Erfolg. Diese Erziehungsziele scheinen für lange Zeit unsere Gesellschaft beeinflußt zu haben. „Der Wille und die Fähigkeit, die bürgerliche Freiheit zu verwirklichen, setzt außer Bildung wirtschaftliche Stärke und Unabhängigkeit voraus."[41]

Wenn die Familienerziehung und die Würde des Kindes im Mittelpunkt stehen, so ergeben sich daraus wesentliche ökonomische Folgen. Obwohl der Mann, bedingt durch seine Erziehung, eine höhere Leistungsfähigkeit und Leistungsbereitschaft besitzt und damit ein höheres Einkommen erreicht, sinkt für einige Generationen das Familieneinkommen.[42] Da die Frau überwiegend mit der Kindererziehung beschäftigt ist, erarbeitet der Mann allein das Familieneinkommen, so daß dieses deutlich sinkt.

Das Niveau der Ausbildung und die Ausstattung der Arbeit mit Kapital steigt jedoch von Generation zu Generation. Dies führt nach einigen Generationen zu einem höheren Familieneinkommen; sind Mann und Frau erwerbstätig, ist die Individualität der Erziehung geringer und obige Wirkung tritt mit geringerer Wahrscheinlichkeit ein.

Die Bedeutung der Religion für den Wohlstand der Menschen zeigt sich deutlich am Protestantismus.[43] Die Ursache liegt offensichtlich in der Erziehung zur Eigenverantwortung. Der religiöse Protestant hat die unmittelbare Verbindung zu Gott. Er entscheidet in Freiheit für sich; keine kirchliche Instanz ist berechtigt zum Mittlertum zwischen ihm und Gott. Im Gegenteil: es gibt das allgemeine Priestertum.

Dieser Weg ist schwierig, denn Freiheit bedeutet auch unmittelbare Verantwortung für das eigene Fühlen, Handeln und Trachten. Eine solche Erziehung ist geeignet, Persönlichkeiten zu schaffen, die auch in allen anderen Lebensbereichen Verantwortung tragen können, die die Kraft haben, Notzeiten ohne den Ruf nach der Gemeinschaft zu überstehen.

Der fromme Puritaner hat die Aufgabe und Möglichkeit, sich durch rationales Handeln, verbunden mit hohen ethischen Werten, die er gegenüber allen Menschen gleichmäßig anzuwenden hat, vor Gott zu bewähren. Dieses Berufsethos legitimiert ihn vor Gott, seiner Gemeinde und sich selbst. Der Puritaner hat in keiner Situation die moralische Möglichkeit, in die Illegalität auszuweichen. Die Aufgabe wird zum ‚religiösen Beruf'. Dieses religiöse Fundament gibt ihm die Möglichkeit, sich in einer Welt des Marktes – nicht nur auf wirtschaftlichem Gebiet –, die der Rechtsstaatlichkeit unterworfen ist, hervorragend zu behaupten, sie zu prägen. Die Entstehung der modernen Industriegesellschaft mit marktwirtschaftlicher Ordnung ist ohne den Protestantismus nicht denkbar.[44]

Erziehung und Sozialismus

Wie alle autoritären Systeme hat sich auch der Sozialismus intensiv mit der Erziehung beschäftigt. Eine Institution kann langfristig ihre Herrschaft nur aufrecht erhalten, wenn sie das Erziehungsmonopol besitzt. Der Kampf um das Erziehungsmonopol ist ein Kennzeichen für jedes totalitäre System – gleich welchen Inhalts. Theoretisches Fundament für die Erziehung im Sozialismus ist der dialektische und historische Materialismus von *Karl Marx* und *Friedrich Engels*.

Eine wesentliche, die Erziehung im Sozialismus durchgängig prägende Position ist das Verhältnis von Freiheit des Individuums und sozialistischer Gesellschaft. *Marx* stellt fest, daß nur im Kollektiv persönliche Freiheit möglich ist, daß der Mensch nur im Kollektiv die Möglichkeit erhält, seine Anlagen allseitig zu entfalten.[45] Erzogen werden muß deshalb zum Kollektivismus, der in der gegenseitigen Unterstützung und der engen Zusammenarbeit der Menschen beruht, die auf eine Verbindung von persönlichen und gesellschaftlichen Interessen gerichtet ist, in der den gesellschaftlichen Interessen das Primat vor den persönlichen zukommt.

Es ist deshalb auch nicht verwunderlich, daß der Zusammenhang zwischen Erziehung und Arbeit eine zentrale Rolle spielt. Die Arbeit wird durch den Marxismus zur Bildungskategorie sowohl im philosophischen Sinne, da sie verstanden wird als Selbstverwirklichung des Menschen und zugleich als Quelle seiner Menschwerdung[46].

Im praktischen gesellschaftlichen Leben ist die Erziehung zur Arbeit und die Erziehung durch die Arbeit ein wesentlicher Bestandteil der Schul- und Bildungspolitik, in deren Mittelpunkt der polytechnisch gebildete und damit disponibel einsetzbare Mensch steht.[47]

Breiten Raum nimmt in der Erziehungstheorie des Sozialismus die Diskussion um die Rolle der Familie ein[48], die in ihrem wechselseitigen Bezug zum Verständnis der Rolle der Frau gesehen werden muß.

Wenngleich der Familie im Wechselspiel mit den staatlichen Erziehungsträgern eine gewisse Bedeutung im Erziehungsprozeß zugebilligt wird, dominiert schon ab dem frühen Kindesalter die gemeinschaftliche Erziehung der Kinder in staatlichen Institutionen.[49] Die Berufstätigkeit der Frau ist das Pendant dazu.

Diese Leitlinien zum Menschenbild des Sozialismus und seine Herausbildung haben die Bildungspolitik in der ehemaligen DDR durchgängig geprägt.[50]

Die sozialistische Erziehung strebte nach sozialistischen Persönlichkeiten, die sich ganz in den Dienst der Gesellschaft stellen, als geistige Position den Marxismus als wissenschaftliche Weltanschauung anerkennen, die Arbeit hoch schätzen und hohe Arbeitsdisziplin zeigen. Sozialistisches Bewußtsein ist Grundlage ihres Handelns.

Im Mittelpunkt steht die bewußte Erziehung zum Kollektiv. Die Freiheit und damit die Eigenverantwortung des Menschen wird nicht gefördert. Nur durch Zentralismus und Gewalt kann eine solche Gesellschaft Bestand haben. Wie lange sie sich hält, hängt von äußeren, aber auch inneren Faktoren ab. Es ist sehr wohl möglich, eine Gesellschaft über Jahrhunderte hinweg in Armut zu halten, wenn der Mensch über die Erziehung ein festes immaterielles Weltbild erhält, wie dies z. B. in der großen, langanhaltenden ägyptischen Kultur der Fall war oder noch heute bei den Hutterern vorzufinden ist. Dies bedingt jedoch eine geistige (Hutterer) oder materielle (Mauerbau) Abgeschlossenheit der Kultur. Beides kommt in China zusammen.

In der Tradition einer sozialistischen Schul- und Bildungstheorie stehen auch die Grundpositionen, die von den ‚Bremer Linken' bis heute für die Erziehungs- und Schulpolitik gepflegt werden.

Die Gedanken der Linken in der Bundesrepublik haben sich von einer kleinen Randgruppe zu einer bedeutenden Größe in der Erziehung entwickelt. Ihre Strategie lautet: Durch Bewußtseinsänderung der Bevölkerung zur Systemüberwindung. Das Erziehungswesen ist damit für sie der wichtigste Kampfplatz um die Macht.[51] Die Linke (1968) scheint sich allerdings weniger an die Vorstellung des Sozialismus als an die der französischen Revolution anzulehnen,[52] für die die Erziehung ein zentrales Thema war. Gefordert wurde ein staatlich institutionalisiertes System der Erziehung für alle Schüler gemeinsam, für alle gleich, eine Erziehung zum Kollektiv gegen die herkömmliche Familienerziehung. Vieles davon ist heute verwirklicht.

Heute scheint die Erziehung in Deutschland keine ausgeprägte geistige, geistliche oder ideologische Ausrichtung zu haben. Kurzfristiges Erfolgsdenken einzelner Gruppen – welches in der Vergangenheit langfristig nie zu einer Wohlstandsmehrung führte – ist kennzeichnend. Da die säkulare Welt nicht der natürliche Zustand einer Gesellschaft zu sein scheint,[53] muß abgewartet werden, welche weitere Entwicklung die Gesellschaft und damit ihr Wohlstand nimmt. Wir befinden uns in einer Entwicklung, die mit der Aufklärung begann und deren Ende und Nachfolge nicht abzusehen ist.

Resümiert man Ergebnisse und Erfahrungen dieser historischen Betrachtungen, so ergibt sich für den Zusammenhang zwischen Erziehung einerseits und wirtschaftlichen Leistungen der Menschen andererseits:

Die Erziehungsziele sind Bestandteil der Kultur. Kinder müssen in irgendeiner Weise erzogen werden. Es gibt keinen verbindlichen Instinkt, um die Erziehung vorzunehmen, gleichgültig ob reich oder arm, wissend oder unwissend, in jedem Falle kommen der einzelne und die Gesellschaft zu Ergebnissen, die anderen falsch erscheinen, da die Erziehungsziele unterschiedlich sind.

In Zeiten wirtschaftlicher, geistiger und militärischer Ruhe sind pädagogische Umwälzungen selten. Die Erziehungsziele sind andere, wenn das Kind statt auf die Entfaltung des Individuums auf die Bedürfnisse der Gesellschaft ausgerichtet wird.[54]

Ergänzend zu den Untersuchungen von *McClelland*[55] zeigen die Beispiele, daß der Wohlstand steigt, wenn die Erziehungsziele auf die Freiheit und Eigenverantwortung der einzelnen ausgerichtet sind, da dann ihre Leistungsbereitschaft und daraus abgeleitet im Laufe der Generationen die Leistungsfähigkeit wächst.

Menschen, die mit diesen individualistischen Charakteristika ausgestattet sind, haben die Fähigkeit, sich ökonomische Rahmenbedingungen zu schaffen, unter denen sie ihre Bedürfnisse am ehesten befriedigen können.

4.4 Bevölkerungsentwicklung

4.4.1 Ursachen der Bevölkerungsentwicklung

Üblicherweise verändert sich die Zahl der Menschen, die in einer Volkswirtschaft leben. Dieser Sachverhalt hat schwerwiegende Auswirkungen auf den Wohlstand der Menschen. Es wird im wesentlichen auf folgende Ursachen für diesen Sachverhalt verwiesen:

(1) *Die wirtschaftlichen Auswirkungen auf die Familien*

Die nachfolgende Tabelle zeigt, daß sich das pro Kopf-Einkommen der Familien mit steigender Kinderzahl drastisch verringert und bei drei und mehr Kindern die Armutsgrenze tangiert.[56] Dabei sind die steuerlichen Erleichterungen und das Kindergeld berücksichtigt. Familien mit drei und mehr Kindern sind bei den Sozialhilfeempfängern überrepräsentiert.

Kriterium	**Ledige**	**Verheiratete** mit 0, ..., 3 Kindern				
		0	0	1	2	3
Bruttoeinkommen	3 345	6 690	3 345	3 345	3 345	3 345
Nettoeinkommen	1 993	3 986	2 285	2 354	2 476	2 720
Rechnung pro Kopf: Familienfaktor	1	2	2	3	4	5
Einkommen pro Kopf	1 993	1 993	1 143	785	619	544
Index, kinderlose Doppelverdiener = 100	100	100	57	39	31	27

Einkommenssituation in Abhängigkeit vom Familienstand bei durchschnittlichem Bruttoeinkommen
(Quelle: Ökonomische Verhaltensweisen und Wirtschaftspolitik bei schrumpfender Bevölkerung , hrsg. von *Oppenländer, F.*, *Wagner, A.*, *IFO*-Institut für Wirtschaftsforschung e. V., München 1985, S. 385 [Auszug])

(2) *Der Zusammenhang zwischen der Kinderzahl, dem Erwerbssystem und dem Alterssicherungssystem*

Der Kinderreichtum ist u. a. auch abhängig von der Einstellung der Eltern zu Kindern. Diese ist neben emotionalen und gesellschaftlichen insbesondere in Entwicklungsländern auch von ökonomischen Größen abhängig. Der Kinderreichtum ist in landwirtschaftlich strukturierten Gebieten höher als in industriell strukturierten. Wenngleich sich die Stadt-Land-Unterschiede in der Fruchtbarkeit tendenziell verringern,[57] hat der Investitionsnutzen, den Kinder in ländlichen Erwerbssystemen mit sich bringen, ein größeres Gewicht als in städtischen Erwerbssystemen. Neben den Beiträgen der Kinder zum Familieneinkommen[58] ist gerade in den traditionellen ländlichen Kulturen der Entwicklungsländer die Sicherung der Eltern im Alter bedeutsam, die dort maßgeblich von den Kindern zu übernehmen ist.

(3) *Die zunehmende berufliche Orientierung und Qualifizierung der Frau*

Die Frauen sind aufgrund der gesellschaftlichen Gegebenheiten besonders betroffen, wenn sie ihre Erwerbstätigkeit zur Erziehung der Kinder auf längere Zeit unterbrechen. Für sie ist damit sowohl eine Beeinträchtigung ihrer eigenen sozialen Sicherheit verbunden (einkommensausfallbedingte Minderung in der Altersversorgung) als auch eine Beeinträchtigung ihrer Persönlichkeitsentfaltung, sofern sie diese im Berufsleben eher verwirklichen können.[59]

(4) *Der unterschiedliche Zugang zu Möglichkeiten der Geburtenregelung*

In der Gegenwart spielt das Vorhandensein qualitativ und quantitativ geeigneter antikonzeptioneller Mittel eine wesentliche Rolle, da nur dann das Bedürfnis nach Elternschaft in dem gewünschten Umfang verwirklicht werden kann. Es ist fraglich, ob Forderungen einiger Religionen – wie z. B. des Katholizismus – daß antikonzeptionelle Mittel nur bedingt eingesetzt werden dürfen, tatsächlich von Bedeutung sind. Zum gegenwärtigen Zeitpunkt zeigt sich, daß bevölkerungspolitische Konzepte, wie die Geburtenkontrollprogramme in den Entwicklungsländern, aber auch Geburtenförderungsmaßnahmen in Industrieländern mit niedriger Reproduktionsrate nur kurzzeitig Wirkung haben und keine prinzipiellen, langzeitigen Veränderungen absehbar sind.[60]

(5) *Die Lebenserwartung aufgrund gesundheitlicher und sozialer Faktoren*

Die Bevölkerung wächst häufig in den reichen Ländern dadurch, daß die Lebenserwartung steigt. Dieser Tatbestand kann sich nur für eine begrenzte Zeit durch das tendenzielle Älterwerden der Bevölkerung auswirken. Anders ist die Situation in armen Ländern. Hier wächst die Bevölkerung trotz hoher Kindersterblichkeit und insgesamt deutlich niedrigerer Lebenserwartung. Es handelt sich um einen Prozeß mit Langzeitwirkungen, deren Ursachen in Armut, Krankheit und Mangelerscheinungen liegen. Es scheinen neben diesen fünf in der Literatur behandelten Problemkreisen zwei weitere kulturelle Komponenten wesentlich:

(6) *Das Bedürfnis nach Elternschaft ist keineswegs eine Konstante*

Die zeitweise positive Bevölkerungsentwicklung in Frankreich zeigt,[61] daß die als allgemeingültig angenommene Tendenz in der Bevölkerungsentwicklung auf einzelne Gesellschaften nicht pauschal angewendet werden kann.

(7) *Zu berücksichtigen ist die Einstellung einer Bevölkerung zum Schwangerschaftsabbruch.* Es handelt sich dabei um

- ein ethisches Problem: der rationalen Entscheidung, die Kinderanzahl den individuellen Interessen und Bedürfnissen der Eltern anzupassen, steht das Recht des Kindes auf Leben gegenüber,
- ein juristisches Problem, nach welchem eine Fristenlösung vom Bundesverfassungsgericht untersagt ist, die Praxis aber derart erleichtert wurde, daß ca. 400.000 Abbrüche pro Jahr in Deutschland[62] angenommen werden können,
- ein ökonomisches Problem, welches nachfolgend weiter betrachtet wird.

Untersuchungen zur Bevölkerungsentwicklung in den europäischen Industrieländern weisen ein bestimmtes Grundmuster der Bevölkerungsentwicklung aus. Im Zusammenhang mit der wirtschaftlichen und kulturellen Entwicklung dieser Länder lassen sich deutlich Phasen der Bevölkerungsentwicklung abheben.

Nach Phasen einer stationären Bevölkerungsentwicklung schloß sich infolge von Urbanisierung und Industrialisierung, anhaltend bis in das 20. Jahrhundert, eine Phase starker Bevölkerungsentwicklung an. Typisch für die Entwicklung der Gegenwart ist in den wohlhabenden Ländern eine Schrumpfung der Bevölkerung.[63]

Ein tendenziell gleiches Grundmuster der Bevölkerungsentwicklung zeichnet sich auch für die Entwicklungsländer ab. Der hohe Anteil junger Bevölkerungsteile in der Gesamtheit der Entwicklungsländer – mehr als 50 % der Menschen sind weniger als 20 Jahre alt[64] – führt zunächst weiter zu einem beträchtlichen Bevölkerungswachstum. Für eine Reihe von Entwicklungsländern wird in ein bis zwei Generationen aber ein rapides Absinken der Geburtenrate vorausgesagt.[65]

Es fragt sich, ob aus diesem Grundmuster eine Gesetzmäßigkeit abgeleitet werden kann. Dies scheint nicht der Fall zu sein. Die Beobachtung zeigt, daß kein gesicherter Zusammenhang zwischen einer Kultur und dem Bedürfnis nach Elternschaft herzustellen ist, wie die positive Bevölkerungsentwicklung in Skandinavien und die negative in Italien zeigen.

4.4.2 Ökonomische Wirkungen des Bevölkerungswachstums

Bei der Betrachtung der Auswirkungen der Bevölkerungsentwicklung muß zwischen wohlhabenden, leistungsstarken Volkswirtschaften und armen, leistungsschwachen Volkswirtschaften unterschieden werden.

Leistungsstarke, wohlhabende Volkswirtschaften

Bei Bevölkerungswachstum wird die Mitarbeit der Frauen eingeschränkt, so daß das Bruttosozialprodukt in Relation zu einer stagnierenden Bevölkerungsentwicklung sinkt. Dabei ist jedoch zu beachten, daß die Berufstätigkeit der Frauen in unserer Kultur, in der die Hauptlast der Familienbetreuung bei den Frauen liegt, auch bei einer Einkindfamilie regelmäßig stark eingeschränkt ist. Durch die Doppelbelastung der Frau liegt die Annahme nahe, daß ihre Leistung bei beiden Tätigkeiten – die in der Familie und die im Beruf – beeinträchtigt wird.

Das zeigt sich u. a. daran, daß Frauen ca. 30 %[66] weniger verdienen, insbesondere bedingt durch Frauen mit Kindern. Unternehmen betreiben keine Gesellschaftspolitik, sondern vergleichen Aufwand und Ertrag, der durch die Arbeit eines einzelnen entsteht. Dabei wird von den Unternehmern auch berücksichtigt, daß bei Frauen mit Kindern die Fehlzeiten (Arbeitsunfähigkeitsfälle)[67] mehr als doppelt so hoch sind als bei Männern.

Wenn die berufstätigen Mütter mit Kindern in der alten Bundesrepublik Deutschland keiner beruflichen Tätigkeit nachgingen, würde das Bruttosozialprodukt nur geringfügig sinken, da überhaupt nur 13 % aller Erwerbstätigen zwischen 25–45 Jahre alt und weiblich sind.[68] Ist der Ausfall des Fraueneinkommens einmal gegeben, so sinkt der Aufwand bei jedem weiteren Kind gegenüber der Krippenerziehung, denn, wenn die Frau keinen Beruf ausübt, so entfällt ihr Beitrag zum Bruttosozialprodukt, und es ist unter ökonomischem Gesichtspunkt gleichgültig, ob sie eines oder vier Kinder großzieht; wohingegen der Aufwand bei der Krippenerziehung mit jedem weiteren Kind größer wird.

Der Wohlstand sinkt ferner dadurch, daß mehr Kinder unterhalten werden müssen.[69] Diese Komponente wiegt um so geringer, je reicher das Land ist, da der Aufwand für die physische Erhaltung der Kinder in Relation zum Famielieneinkommen gering ist.

Für die leistungsstarken Volkswirtschaften stellt der größte Aufwand die umfangreiche Ausbildung über das 16. Lebensjahr hinaus dar.

Ein weiterer Faktor ist, daß die wachsende jüngere Generation, wenn sie berufsfähig ist, eine größere Kapitalausstattung benötigt, wenn keine Wohlstandsminderung eintreten soll.[70] Diesen Faktoren, die in wohlhabenden Ländern eine kurzfristige Wohlstandsminderung hervorrufen, stehen Faktoren gegenüber, die sich langfristig wohlstandsmehrend auswirken.

Bei einer steigenden Reproduktionsrate haben mehr junge Menschen relativ wenige alte Menschen zu ernähren, was zu einer Wohlstandsmehrung führt. Die Altersversorgung eines Menschen in wohlhabenden Ländern ist weit aufwendiger als die Unterhaltung eines Jugendlichen bis zum Eintritt in das Erwerbsleben. Zum anderen verteilt sich durch die gestiegene Bevölkerungszahl die gewachsene Staatsschuld (Abschnitt 6.2) auf eine größere Zahl von Erwerbstätigen, wobei diese Tatsache für leistungsstarke wie leistungsschwache Gesellschaften gleichermaßen gilt.

Demnach kann bei wohlhabenden Ländern davon ausgegangen werden, daß der Wohlstand bis zur Erwerbsfähigkeit der neuen Generation schwach sinkt und dann stark steigt.

Land	Wachstumsrate der Bevölkerung pro Jahr (%)	Wachstumsrate des Bruttosozialprodukts pro Jahr (%)
Argentinien	1,55	0,3
Guinea	1,90	1,1
Mauretanien	2,20	0,3
Indien	2,30	1,6
Bolivien	2,50	0,2
Niger	2,65	-1,3
Phillippinen	2,80	2,6
Sudan	2,85	1,2
Mexiko	3,10	2,9
Honduras	3,20	0,5
Kenia	3,90	2,1
Libyen	4,10	-1,1
Kuweit	7,05	-0,1

Bevölkerungswachstum und Wachstum des Bruttosozialprodukts pro Kopf in ausgewählten Entwicklungsländern
(Quelle: *Hemmer, H. R.*; Wirtschaftsprobleme der Entwicklungsländer, München 1983, S. 273, 274, 275 [Auszug])

Leistungsschwache, arme Volkswirtschaften

Die Auswirkungen auf den Wohlstand durch die Mitarbeit der Frau, den Kapitalbedarf der nächsten Generation, die Versorgung der älteren Generation und der Staatsverschuldung sind ähnlich wie in wohlhabenden Ländern. Die Unterhaltung der zahlenmäßig wachsenden jüngeren Generation[71] und ihre Ausbildung bedeutet in Relation zum Volkseinkommen in ärmeren Ländern jedoch einen sehr viel höheren Aufwand als in wohlhabenden Ländern, so daß eine kontinuierliche Verarmung der leistungsschwachen Länder gegeben ist.

Dies ist umso bedeutungsvoller, als für arme Volkswirtschaften regelmäßig ein hoher Bevölkerungszuwachs gegeben ist und bei wohlhabenden nicht. Der Hunger und die Armut in der Welt können demnach durch sinkende Raten des Bevölkerungswachstums gemildert werden. Es ist eine gesellschaftspolitische und ethische Frage, inwieweit dies von den Gesellschaften praktiziert wird.[72]

4.4.3 Ökonomische Wirkungen der Bevölkerungsschrumpfung

Leistungsstarke, wohlhabende Volkswirtschaften

In diesen Ländern wird der Wohlstand kurzfristig steigen, um langfristig um so stärker abzufallen. Die nachfolgende Modellrechnung unterstellt eine unveränderte Kultur bezogen auf das Bedürfnis der Menschen nach Elternschaft, was real nicht anzunehmen ist. Sie zeigt jedoch die ungeheure ökonomische Wirkung.

Die Geburtenzahl hat sich in der alten Bundesrepublik Deutschland von ca. 950.000 (1965) auf ca. 650.000 (1989) verringert. Um die Bevölkerung zu erhalten, braucht das Land 15 Geburten pro 1.000 Einwohner im Jahr oder 2,11 Kinder pro Elternpaar. Da die Bevölkerung älter wird, ist nur eine Sterberate von 9 auf 1.000 Einwohner gegeben.

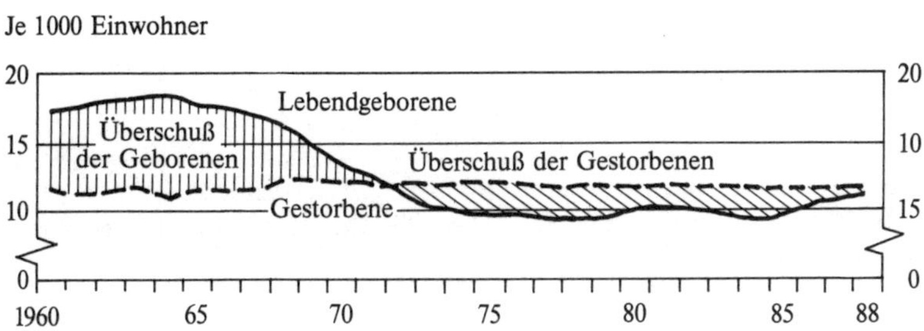

Lebendgeborene und Gestorbene 1960-88
(Quelle: Datenreport 4, Zahlen und Fakten über die Bundesrepublik Deutschland, hrsg. vom *Statistischen Bundesamt*, Stuttgart 1990, S. 35)

Als das kinderärmste Land der Welt besitzt die alte Bundesrepublik Deutschland im Durchschnitt 1,2 Kinder je Familie, und 45 % aller Paare haben keine Kinder. Die Alterspyramide wird nicht nur ungünstiger, sondern sie steht auf dem Kopf. Stellt man dazu eine Modellrechnung an, wobei bekannt ist, daß solche Zahlen nicht auf 25 Jahre hochgerechnet werden dürfen, denn sie sind nicht statisch, so gibt es im Jahre 2010 in der alten Bundesrepublik 38 Mio. Einwohner, wenn man das Reproduktionsverhalten der Bevölkerung zugrunde legt.

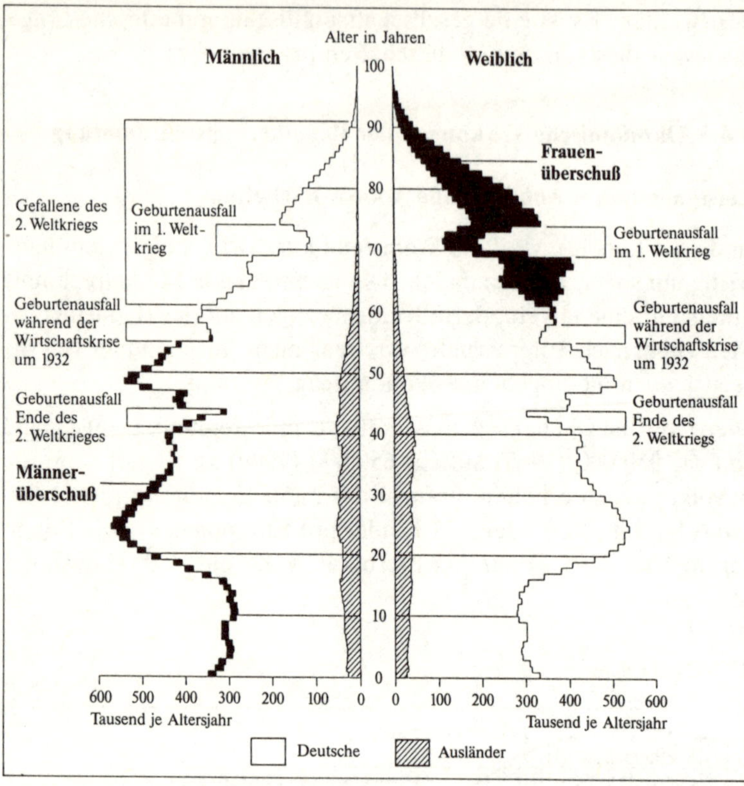

Altersaufbau der Bevölkerung der Bundesrepublik Deutschland (1. 1. 1989) (Quelle: Statistisches Jahrbuch 1990 für die Bundesrepublik Deutschland, Stuttgart 1990, S. 53)

Sieht man die Entwicklung, bis eine ausgeglichene Reproduktionsrate eingetreten sein soll, so besteht die Familie statistisch aus drei Großeltern, die außerhalb des Einkommensprozesses stehen, zwei Eltern und – bei dann unterstellter konstanter Reproduktion – zwei Kindern. Da diese Menschen in Heimen oder der Familie betreut werden müssen, hat dies ein Erwachsener innerhalb oder außerhalb der Familie zu übernehmen. Verdient der andere Erwachsene 2.111,–[73] netto, so liegt das Pro-Kopf-Einkommen unter 500,–, d. h. die Durchschnittsfamilie lebt nach heutigen Vorstellungen unterhalb der Armutsgrenze.

Die staatlichen Schulden haben sich von 1984 bis 1989 von 660 Mrd. DM auf 920 Mrd. DM erhöht. Wird unterstellt, daß sie sich künftig nur um die fälligen Zinsen von beispielsweise 7 % erhöhen, so ergibt sich nach 30 Jahren eine Schuldenlast von ca. 7,4 Billiarden DM. Legt man dabei zugrunde, daß sich der Geldwert halbiert, so bleibt bei 38 Mio. Einwohnern noch die achtfache Schuldenlast je Einwohner gegenüber der heutigen Situation. Dieser Betrag kann vom Staat nur durch eine Hyperinflation finanziert werden. Ein solches Ereignis würde durch die Zerstörung der sozialen Beziehungen eine weitere Verarmung nach sich ziehen und die Wirtschafts- und Gesellschaftsordnung in Frage stellen.

Leistungsschwache, arme Volkswirtschaften

Eine Bevölkerungsschrumpfung in Entwicklungsländern ist nur theoretisch denkbar. Vorausgesetzt, daß sich die Staatsverschuldung proportional zur Bevölkerung entwickelt, wird der Wohlstand bei Bevölkerungsschrumpfung in diesen Ländern steigen. Die Mitarbeit der Frauen ist in größerem Umfang möglich, der Aufwand für die Unterhaltung und Ausbildung der nächsten Generation sinkt, und die Kapitalausstattung ist, sofern sie nicht konsumiert wird, im Verhältnis reichlicher vorhanden.

Diese Wohlstandsmehrung durch Bevölkerungsschrumpfung wird langfristig auch in armen Ländern durch den relativ höheren Aufwand je Beschäftigten für die Altersversorgung verringert.

Bevölkerungswanderung

Man kann die sinkende Bevölkerungsentwicklung in leistungsstarken und geburtenarmen Ländern durch eine verstärkte Einwanderung junger Menschen aus leistungsschwachen Ländern ausgleichen. Dadurch entsteht in leistungsstarken Ländern eine andere Kultur, die die Leistung der Menschen beeinflußt. Die Überbevölkerung eines Teils der Welt durch einen Bevölkerungsrückgang in einem anderen Teil auszugleichen, erscheint jedoch problematisch.

Kurzfristig wird der Wohlstand durch eine weitere Komponente vermindert. Treffen zwei sehr unterschiedliche Kulturen (Mohammedaner und Christen, Römer und Germanen) aufeinander, so erfolgen regelmäßig bis zu ihrer Assimilation Auseinandersetzungen zwischen ihnen. Dafür werden Energien benötigt, die der Wohlstandsmehrung verloren gehen. Welche Kultur – die relativ leistungsstärkere oder leistungsschwächere – sich durchsetzt oder welche neue Kultur entsteht, ist unbekannt. Eine Wohlstandsmehrung in wohlhabenden, geburtenarmen Ländern durch Zuwanderung aus armen, geburtenstarken Ländern hängt demnach wesentlich von der Kultur der einwandernden Menschen ab.

Werden die Komponenten der Bevölkerungsentwicklung rein ökonomisch gesehen, so besteht auf der Welt ein Mangel an leistungsstarken Arbeitern. Dieser Mangel kann durch verbesserte ökonomische Rahmenbedingungen – in deren Folge regelmäßig ein Wertewandel eintritt –, in den leistungsschwachen Kulturen gemildert werden. Es zeigt sich, daß der Wohlstand auf der Welt gemehrt wird, wenn die Bevölkerung in den leistungsstarken Ländern wächst und in den leistungsschwachen Ländern sinkt. Tendenziell ist der Sachverhalt jedoch umgekehrt, so daß – wird dieser Faktor allein betrachtet – mit einer Armutsmehrung auf der Welt gerechnet werden muß. Dabei ist zu berücksichtigen, daß viele ehemals arme Länder aufgrund ihrer kulturellen Gegebenheiten und durch veränderte ökonomische Rahmenbedingungen, die sie selbst geschaffen haben, wohlhabender und andere ärmer wurden, so daß es sich nicht um feste Ländergruppen handelt.

Anmerkungen zu Kapitel 4

1 *Kolb, M.,* Leistungsdeterminanten, in: Personalenzyklopädie, München 1978, S. 476ff.; *Graf, O.,* Arbeitsphysiologie, Wiesbaden 1960; *Schmidtke, H.,* Lehrbuch der Ergonomie, München 1974; *Wagner, H.,* Leistung und Leistungsdeterminanten, in: *E. Gangler* (Hrsg.), Handwörterbuch des Personalwesens, Stuttgart 1975, Sp. 1181 H.

2 Über Probleme von Randgruppen der Bevölkerung in wohlhabenden Ländern, bei denen die physische Leistungsfähigkeit nicht gegeben ist, wird im Abschnitt ‚Sozialpolitik' gesprochen. Vgl. dazu Abschnitt 5.2.2.

3 *Schultz* verweist im Zusammenhang mit Überlegungen zur Qualität des Humankapitalvermögens darauf, daß in Entwicklungsländern durch gezielte gesundheitliche Fürsorge die Lebenserwartung und Leistungsfähigkeit der Menschen deutlich wächst. *Schultz, T. W.,* In Menschen investieren: Die Ökonomik der Bevölkerungsqualität, Tübingen 1986, S. 15, S. 40ff.

4 Es ist strittig, ob die Leistungsfähigkeit der Menschen von rassischen Merkmalen abhängig ist oder nicht. *McClelland* vertritt die Position, daß die menschliche Leistung unabhängig von der Rasse ist. *McClelland, D. C.,* Die Leistungsgesellschaft, Stuttgart 1966, S. 286/287. Da die Größe aber in keinem Fall beeinflußbar ist, soll sie an dieser Stelle bei den weiteren Betrachtungen außer acht gelassen werden. Vgl. Abschnitt 5.2.5.

5 *Murray, H. A.*, Explorations in Personality, New York 1938.

6 *Heckhausen, H.*, Motivation und Handeln, Berlin 1989, S. 66; *Heckhausen, H.*, Leistungsmotivation, in: *Thomae, H.* (Hrsg.), Handbuch der Psychologie, Band II, Göttingen 1965, S. 603.

7 *Heckhausen, H.*, Leistungsmotivation, a. a. O., S. 604.

8 *McClelland, D. C.*, Die Leistungsgesellschaft, Stuttgart 1966.

9 *Linton, R.*, Gesellschaft, Kultur, Individuum, Tübingen 1974; *Keller, E. v.*, Management in fremden Kulturen, Bern, Stuttgart 1982.

10 *Thomae, H.*, Kulturelle Systeme als Sozialisationsvariablen, in: *Thomae, H.* (Hrsg.), Handbuch der Psychologie, Göttingen 1972, S. 717.

11 *Bronfenbrenner, U.*, Die Ökologie der menschlichen Entwicklung, Stuttgart 1981; *Oerter, R., Montada, L.*, Entwicklungspsychologie, München, Weinheim 1987.

12 *Neuberger, O.*, Unternehmenskultur und Führung, Augsburg 1985, S. 82ff.

13 Die Definition bezieht sich lediglich auf den Zivilisationsbegriff. Unter ‚künstlich' versteht Hayek das bewußt Herbeigeführte. Dennoch steht Kultur im Gegensatz zur Natur. Die Kultur ist – ein Gegensatz zur Natur – in der Gesellschaft unbewußt gewachsen. *Hayek, F. A. v.*, Die drei Quellen der menschlichen Werte, in: Recht, Gesetzgebung und Freiheit, Bd. 3, Landsberg am Lech 1981, S. 211.

14 *Recktenwald, H. C.*, Ethik, Selbstinteresse und Bonum commune – Eine Analyse der klassischen Ordnungstheorie A. Smiths, in: *Enderle, G.* (Hrsg.), Ethik einer Wirtschaftswissenschaft, Berlin 1985, S. 145.

15 *Smith, A.*, An Inquiry into the Nature and Causes of the Wealth of Nations (Der Wohlstand der Nationen, Eine Untersuchung seiner Natur und seiner Ursachen), *Recktenwald, H. C.* (Hrsg.), München, 1984, *Linton, R.*, Gesellschaft, Kultur und Individuum, Tübingen 1974.

16 *Vontobel, J.*, Leistungsbedürfnis und soziale Umwelt, zur soziokulturellen Determination der Leistungsmotivation, Bern 1970, S. 74.

17 *Neuberger* weist darauf hin, daß der Normbegriff sehr unterschiedlich zu gebrauchen ist. *Neuberger, O.* u. a., Individuelles Handeln und sozialer Einfluß, Stuttgart 1985, S. 114. Der Terminus Norm- und Wertesystem soll hier verstanden werden als ein Bündel von Werthaltungen und als Wertmaßstab innerhalb einer Gesellschaft.

18 *Popper, K. R.*, Die offene Gesellschaft und ihre Feinde, Tübingen 1980.

19 *Hayek, F. A.. v.*, Individualismus und wirtschaftliche Ordnung, München 1979.

20 *Schumpeter, J. A.*, Theorie der wirtschaftlichen Entwicklung, Leipzig 1912.

21 *McClelland, D. C.*, Die Leistungsgesellschaft, Stuttgart 1966.

22 *Krahl* kennzeichnet dies wie folgt: „Der Mensch steht als weitgehend instinktenthobenes Wesen grundsätzlich der Welt offen gegenüber. Deshalb ist er erziehungsfähig und erziehungsbedürftig zugleich. So erweist sich Erziehung als Grundfaktor menschlichen Daseins. Diese Erziehung ist ein komplexes Geschehen, in dem jedoch dem sozialen Aspekt eine besondere Wertigkeit zukommt, denn der Mensch wird erst Mensch

durch den Menschen". *Krahl, H.*, Der sozialerzieherische Aspekt franziskanischer Geistigkeit, Werl 1974, S. 19.

23 Aus der Sicht der pädagogischen Anthropologie arbeitet Hamann verschiedene Sichtweisen auf die Erziehungsbedürftigkeit des Menschen heraus und schlußfolgert, daß es notwendig ist, sowohl biologische Komponenten, besonders aber soziale und geistig-kulturelle Komponenten in allen ihren Wechselwirkungen untereinander zu berücksichtigen. *Hamann, B.*, Pädagogische Anthropologie, Bad Heilbrunn 1982.

24 *Hurrelmann, K.*, Einführung in die Sozialisationstheorie, Über den Zusammenhang von Sozialstruktur und Persönlichkeit, Weinheim und Basel 1989.

25 *Keller, E. v.*, Management in fremden Kulturen, Bern und Stuttgart 1982.

26 *Brezinka, W.*, Erziehungsbegriffe, in: *Roth, L.* (Hrsg.), Handlexikon zur Erziehungswissenschaft, Reinbek 1980, S. 128.

27 Die neuere Entwicklungspsychologie geht davon aus, daß die das Individuum formenden Einflüsse zwar maßgeblich von der Familie (Mikrosystem), aber eben auch von sozialen Partnern, sozialen Gruppen (Mesosystem) und dem gesellschaftlichen System (Makrosystem) ausgehen. *Bronfenbrenner, U.*, Die Ökologie der menschlichen Entwicklung, Stuttgart 1984.

28 *Recktenwald, H. C.*, Das Selbstinteresse, Zentrales Axiom der ökonomischen Wissenschaft, Mainz 1986, S. 13ff.

29 *McClelland, D. C.*, Die Leistungsgesellschaft, Psychologische Analyse der Voraussetzungen wirtschaftlicher Entwicklung, Stuttgart 1966, S. 171.

30 *Heckhausen, H.*, Leistungsmotivation, in: *Thomae, H. C.* (Hrsg.), Handbuch der Psychologie, Bd. 2, Göttingen 1965, S. 677.

31 *McClelland, D. C.*, a. a. O., S. 303, 306; *Heckhausen* kommt bei ähnlich angelegten Untersuchungen in der Schweiz zu dem Ergebnis, daß ein Zusammenhang zwischen Religionszugehörigkeit und Ausprägung des Leistungsmotivs nicht nachzuweisen ist. *Heckhausen, H.*, Motivation und Handeln, Berlin, Heidelberg 1989, S. 246/247.

32 *Redlow, G.*, Theoria, Theoretische und praktische Lebensauffassungen im philosophischen Denken der Antike, Berlin 1966.

33 *McClelland* verweist auf die negativen Wirkungen, die die Übernahme der Erziehung durch Sklaven auf die Ausbildung von Selbständigkeit und Leistungswillen bei ihren Schülern haben. Die Einbindung der Sklaven in den Familienverband verstärkte ihr Bestreben, die Schüler möglichst lange in Unselbständigkeit und Abhängigkeit zu halten. *McClelland* sieht darin eine Ursache für den Verfall der Leistungsfähigkeit der antiken Gesellschaft. *McClelland, D. C.*, Die Leistungsgesellschaft, Stuttgart 1966, S. 170.

34 *Ballauff, T.*, Pädagogik, Eine Geschichte der Bildung und Erziehung, Freiburg, München 1969.

35 *McLaughlin, M. M.*, Überlebende und Stellvertreter, Kinder und Eltern zwischen dem 9. und 13. Jahrhundert, Berlin 1957.

36 *Ross, J. B.*, Das Bürgerkind in den italienischen Stadtkulturen zwischen dem 14. und dem frühen 16. Jahrhundert, München 1963.

37 *Lindeboom, J.*, Erasmus, Wiesbaden 1965.

38 *Petzold, K.*, Die Grundlagen der Erziehungslehre im Spätmittelalter und bei Luther, Heidelberg 1969, S. 69ff.

39 *Wingren, G.*, Luthers Lehre vom Beruf, München 1952, S. 113.

40 *Ballauf* charakterisiert dieses Verständnis von Tätigsein wie folgt: „Die Freiheit, die er meint, war allein die Freiheit des Guten." *Ballauf, T.*, a. a. O., Bd. II, S. 16.

41 Vgl. *Lisop, J.*, Wirtschaft und Erziehung, in: *Ellwein, T.* u. a. (Hrsg.), Erziehungswissenschaftliches Handbuch, Bd. I, Berlin 1969, S. 348.

42 *Ballauff, T.*, a. a. O., Bd. II, S. 27.

43 Nach inoffiziellen Angaben der Kirchengemeinde Wien (H. B.) ist die Einkommenssteuer pro Kopf bei den Calvinisten in Österreich dreimal und die der Lutheraner im Durchschnitt zweimal so hoch wie die der Katholiken. Ähnliche Verhältnisse liegen in Irland oder der Schweiz vor.

44 *Weber, M.*, Wirtschaft und Gesellschaft, Teil V, Religionssoziologie, Tübingen 1980.

45 *Marx, K., Engels, F.*, Die deutsche Ideologie, in: Marx/Engels-Werke, Bd. 3, Berlin 1983, S. 68.

46 *Engels, F.*, Der Anteil der Arbeit an der Menschwerdung des Affen, in: Marx/Engels-Werke, Bd. 20, Berlin 1983, S. 444.

47 *Marx, K.*, Das Kapital, Bd. 1, in: Marx/Engels-Werke, Bd. 23, Berlin 1983, S. 508.

48 *Marx, K.; Engels, F.*, Manifest der kommunistischen Partei; in: Marx/Engels-Werke, Bd. 4, Berlin 1983, S. 478; *Engels, F.*, Herrn Eugen Dührings Umwälzung der Wissenschaft („Anti-Dühring"), in: Marx/Engels-Werke, Bd. 20, Berlin 1983, S. 296f.

49 Aufzeichnung zweier Reden von *Karl Marx* über die allgemeine Bildung in der modernen Gesellschaft; in: Marx/Engels-Werke, Bd. 16, Berlin 1983, S. 562ff.

50 *Uhlig, G.*, Die historische Entwicklung des Erziehungszieles in der Deutschen Demokratischen Republik, in: Pädagogik, Jg. 24 (1969), H. 11, S. 1034; *Evers, H. U.*, Die Befugnisse des Staates zur Festlegung von Erziehungszielen in der pluralistischen Gesellschaft, Berlin 1976, S. 31.

51 Mit diesen Auffassungen zur Durchsetzung ihrer Ideale schließen sie an die Positionen der utopischen Sozialisten des 19. Jahrhunderts (*R. Owen, C. Fourier, C. H. Saint-Simon*) an, die den Weg zu einer humaneren Gesellschaft (als der der beginnenden Industrialisierung mit ihren sozialen Folgen) in Bewußtseinswandel durch Erziehung, Vorbildwirkung, Gemeinschaftssinn und Gleichheit aller in der Arbeit sahen.

52 *Stübig, F.*, Erziehung zur Gleichheit, Die Konzepte der „éducation commune" in der Französischen Revolution, München 1979, S. 490.

53 *Leisner, W.*, Der Triumph, Erfolgsdenken als Staatsgrundlage, Berlin 1985, S. 282.

54 Das Verständnis vom Individuum muß in diesem Zusammenhang weit

gefaßt werden. Es kann neben dem Einzelnen auch einen engeren Gruppenverband umfassen, wie dies bei der Familie, der japanischen Arbeitsgruppe oder dem Kibbuz der Fall ist.

55 *McClelland, D. C.*, Die Leistungsgesellschaft, Stuttgart 1966 und Abschnitt 4.3.1.

56 *Lampert, H., Wingen, M.*, Familien und Familienpolitik, Köln 1986, S. 18.

57 *Becker, G. S.*, Der ökonomische Ansatz zur Erklärung menschlichen Verhaltens, Tübingen 1982, S. 211.

58 *Felderer, B., Sauga, M.*, Bevölkerung und Wirtschaftsentwicklung, Frankfurt, New York 1988, S. 63 ff.

59 *Wingen, M., Lampert, H.*, Familien und Familienpolitik, Bestandsaufnahmen und Perspektiven, Köln 1986, S. 27 ff.

60 *Felderer, B., Sauga, M.*, a. a. O., S. 87/88; *Stolte – Heiskanen, V.*, Familienplanungskonzepte neu betrachtet, Ein kritischer Überblick, in: *Khalatbari, P.* (Hrsg.), Demoökonomische Probleme der Entwicklungsländer, Berlin 1979, S. 181.

61 Die Bevölkerungsentwicklung in Frankreich zu Beginn der achtziger Jahre weist eine positive Entwicklung aus. Während 1975 14,1 Lebendgeborene auf 1000 Einwohner entfielen, waren es 1980 14,8. Mit 1,96 Lebendgeburten pro Frau (1980) zeichnete sich eine ansteigende Tendenz in der kumulierten alterspezifischen Fruchtbarkeitskennziffer der Frauengeneration der Jahrgänge 1950 bis 1955 ab. Jüngere Zahlen zeigen, daß sich diese positive Tendenz langfristig nicht durchzusetzen scheint. *Pressat, R.*, Die gegenwärtige Fertilität der Bevölkerung Frankreichs, in: *Khalatbari, P.* (Hrsg.), Fertilitätstrends, Berlin 1984, S. 144; Statistisches Bundesamt, Statistisches Jahrbuch 1990 für die Bundesrepublik Deutschland, Stuttgart 1990, S. 676; *Felderer, D., Sauga, M.*, Bevölkerungs- und Wirtschaftsentwicklung, Frankfurt, New York 1988, S. 58 ff.

62 Gemäß Angabe der Krankenkassen liegt heute die Zahl der legalen Schwangerschaftsabbrüche zwischen 300.000 und 350.000. Laut Statistischem Jahrbuch 1990 entfallen 88 % der Schwangerschaftsabbrüche auf soziale Indikation. Statistisches Jahrbuch 1990 für die Bundesrepublik Deutschland, Stuttgart 1990, S. 399. Die Zahl der illegalen Schwangerschaftsabbrüche wird zwischen 100.000 und 120.000 angenommen.

63 *Felderer, B., Sauga, M.*, a. a. O., S. 46.

64 Statistisches Bundesamt, Statistisches Jahrbuch 1990 für das Ausland, Stuttgart 1990, S. 183/184.

65 *Lüthi, A.*, Eine langfristige ökonomische Perspektive unter demographischen, ökologischen und technologischen Randbedingungen, Grüsch 1988, S. 51, 63.

66 Statistisches Bundesamt, Statistisches Jahrbuch 1990 für die Bundesrepublik Deutschland, Stuttgart 1990, S. 96 und 98.

67 ebenda, S. 400.

68 Statistisches Bundesamt, Statistisches Jahrbuch 1990 für die Bundesrepublik Deutschland, Stuttgart 1990, S. 54, 57, 100.

69 *Myrdal, G.*, Ökonomische Theorie und unterentwickelte Regionen, Weltproblem Armut, Frankfurt 1974, S. 16, 180.

70 *Felderer, B., Sauga, M.*, a. a. O., S. 100.

71 *Myrdal* weist in diesem Zusammenhang auf das außerordentliche Interesse hin, das die Entwicklungsländer an der Geburtenkontrolle haben sollten. *Myrdal, B.*, Ökonomische Theorie und unterentwickelte Regionen, Weltproblem Armut, Frankfurt 1974, S. 180.

72 Im Abschnitt 5.2.5 wird gezeigt, wie es möglich ist, die armen Gesellschaften leistungsstärker zu machen: Maßnahmen, wie die Begrenzung des Bevölkerungswachstums und die Befähigung zum ertragreichen Wirtschaften sind zur Wohlstandsmehrung miteinander zu kombinieren.

73 Statistisches Bundesamt, Statistisches Jahrbuch 1990 für die Bundesrepublik Deutschland, Stuttgart 1990, S. 579.

5 Der Produktionsfaktor Ökonomische Rahmenbedingungen

Individuen leben nicht getrennt voneinander, sondern in Gemeinschaften zusammen. Dieses Zusammenleben muß geregelt sein. Der Bürger wird sich entsprechend dem ökonomischen Prinzip in das Regelsystem der Gemeinschaft einfügen, um seine größtmögliche Bedürfnisbefriedigung zu erreichen.[1]

Es besteht eine Wechselwirkung zwischen dem Verhalten der Bürger und dem des Staates.[2] Dabei ist zwischen der allgemeinen Grundstimmung des Denkens und Fühlens der Bürger, die auch mit Kultur oder geistiger Haltung einer Gemeinschaft umschrieben werden kann, und dem direkten Einfluß auf einzelne konkrete Entscheidungen der Regierungen zu unterscheiden. Es kann in diesem Zusammenhang von zwei Idealformen ausgegangen werden:

- Bestimmen die Bürger durch Wahlen über ihr Zusammenleben, so hat sich die Exekutive und Legislative nach deren Bedürfnissen zu richten.[3] Sie muß sich dem Wähler als Souverän anpassen, so daß dieser entsprechend seinen Bedürfnissen den Regierenden eine Richtschnur für die politische, gesellschaftliche und damit auch ökonomische Arbeit gibt. Der Einfluß des Bürgers auf Einzelentscheidungen beschränkt sich auf die indirekte Wirkung von Umfrageergebnissen, Volksentscheidungen oder Demonstrationen. Dies gilt umso mehr, je zentralistischer eine Demokratie aufgebaut ist.
- In einer Diktatur, die von einem einzelnen, einer machtvollen Gruppe oder einem fremden Land ausgeübt werden kann, sind die Freiheitsrechte und damit die Eigenverantwortung des Individuums kleiner. In geringerem Maße hat die Regierung auf die Bedürfnisse der Menschen Rücksicht zu nehmen. Weniger als in der Demokratie kann der Bürger seine individuellen Bedürfnisse frei gestalten, zumal eine Diktatur regelmäßig einen Erziehungsauftrag zu haben glaubt.

Welche Regierungsform erstrebenswert ist, hängt von den Bedürfnissen der Menschen ab. Diese sind nicht statisch, sondern verändern sich meist in einem lang anhaltenden kulturellen Prozeß. Der zur Freiheit erzogene Mensch hat grundsätzlich das Bedürfnis, in einer Demokratie zu leben. Politische und ökonomische Freiheitsbedürfnisse sind jedoch unteilbar, da sie, wie gezeigt wurde, von der durch die Erziehung geprägten Persönlichkeit der Bürger abhängig sind. Daher entsteht der Sachverhalt, daß tendenziell eine Demokratie langfristig zu einer freien Wirtschaft – abgesehen von dem Problem der Verteilungskoalitionen – neigt und eine freie Wirtschaft die Demokratie nach sich zieht (Chile).

Die geistig-kulturellen Bedürfnisse der Menschen manifestieren sich u. a. in Institutionen, Gesetzen oder bestimmten politischen Verhaltensweisen.

Die Individuen wurden in fast allen Lebensbereichen durch die Ausgestaltung ihres Verhältnisses zur Gemeinschaft beeinflußt. Dabei sind die Grundfragen:

- Welche Aufgaben übernimmt die Gemeinschaft – der Staat – und welche das Individuum; wie ist das Verhältnis von Eigenverantwortung und Fremdbestimmung?
- Welche Rechte und Pflichten haben die Individuen und der Staat; welche Rechtsbeziehungen bestehen zwischen ihnen?

Die Art und Weise dieser Beziehung hat erheblichen Einfluß auf den Wohlstand der Gesellschaft. Es wird deshalb die Bedeutung des Rechtsstaates und seiner Verwaltung behandelt. Hierauf aufbauend wird dargelegt, welchen Einfluß der Umfang der Staatsaufgaben auf den Wohlstand hat. Die Sozialpolitik, Subventionspolitik, die Bedeutung der Arbeit öffentlicher Unternehmen und die Art der Gestaltung der Entwicklungshilfe sind konkreter Ausdruck der geistig-kulturellen Einstellung einer Gesellschaft. Das zeigt sich nicht nur am Umfang, in dem der Staat sich dieser Aufgaben annimmt, sondern auch darin, welche Instrumente er einsetzt, um ein gewünschtes Ziel zu erreichen.

Bei der Erfüllung staatlicher Aufgaben sind gesellschaftspolitische Zielsetzungen und die Instrumente ihrer Durchführung miteinander verbunden. Wesentliche Gebiete staatlicher Tätigkeit sollen – in der Einheit ihrer Ziele und Instrumentarien – besprochen werden, um zu zeigen, wie sie sich auf den Wohlstand einer Gesellschaft auswirken.

5.1 Rechtsstaat und Verwaltung

Um den Wohlstand zu mehren, ist es in einer Gesellschaft, in der von Freiheit und Eigenverantwortung geprägte Bürger dominieren, nötig, daß die Verfassung ihnen weitgehende Freiheiten einräumt. Je ausgeprägter diese Bedürfnisse sind, desto ausgeprägter müssen auch die Freiheiten sein, um die Leistungsbereitschaft der Menschen zu stärken.[4]

Da die Charaktere und die Bedürfnisse der Menschen in einer Gesellschaft unterschiedlich sind, aber immer einzelne ihre Freiräume zur Wohlstandsmehrung bereit sind zu nutzen, kann festgestellt werden, daß der Wohlstand steigt, wenn die Staatsverfassung ausgeprägt liberal ist, gleichgültig, um welche Kultur oder welchen Staat es sich handelt. Dies gilt, sofern der Staat in der Lage ist zu verhindern, daß leistungsstarke Bürger sich in kulturell unverträglichem Maße zu Lasten leistungsschwacher Bürger bereichern, was nicht nur ein ethisches, sondern auch ein ökonomisches Problem ist. Unter ‚kulturell unverträglich' soll verstanden werden, daß sich die Leistungsfähigkeit der ökonomisch schwächeren Bürger verringert.

Unabhängig von der Zugehörigkeit zu einer bestimmten Kultur und von dem Einfluß einer bestimmten Erziehung hat der Mensch das Bedürfnis nach Schutz vor der Willkür eines anderen Bürgers oder des Staates.[5] Er wird umso eher bereit sein, seine Leistung zu steigern, je mehr er sich des Ertrages seiner Leistung sicher sein kann, bzw. er will exakt und sicher wissen, welchen Teil seines Ertrages er an die Gemeinschaft oder an Dritte abzuführen hat.[6]

Lebt er in Unsicherheit darüber, so wird er seine Leistung einschränken, was regelmäßig geschieht und zu einem Sinken des Wohlstandes führt, oder er wird nach Mitteln suchen, um seinen Ertrag zu sichern. Ist seine Leistungsbereitschaft dennoch ungebrochen, so hat er seine Energien auf zwei Bereiche aufzuteilen: er muß

- einen Ertrag erzeugen und
- den Ertrag auf legale oder illegale Weise sichern,

was für ihn stets Vorrang vor der Ertragsmehrung hat. Armutserhöhend wirkt sich aus, wenn aufgrund fehlender Rechtsstaatlichkeit und Sicherheit der Bürger zwar seine Energien und sein Kapital unvermindert einsetzt, dies aber nicht in Bereichen tut, die den größten Wirkungsgrad haben; indem er z. B. auf unproduktive Weise eine private Kleinstwirtschaft betreibt oder aus Angst vor der Inflation in Sachwerte flieht. Diesem Grundbedürfnis der Menschen entsprechen ihre Kulturen keineswegs in gleichem Maße, was wohl auf traditionelle, religiöse, geistige, politische und wirtschaftliche Ursachen zurückzuführen ist.

Die Rechtsstaatlichkeit, wie sie das Abendland – zumindest als Anspruch – entwickelt hat, ist nicht naturgesetzlich. Es entstand insbesondere mit der Aufklärung in Europa – verstärkt durch das protestantische Gedankengut – ein Freiheitsbereich für den einzelnen Bürger, der es ihm ermöglicht, seine ökonomischen Fähigkeiten in einem hohen Maße einzusetzen. Dabei steht neben dem Regelungswerk, welches den Freiheitsbereich des einzelnen zu dem des anderen Individuums abgrenzt, die Verwaltungs- und Verfassungsgerichtsbarkeit im Vordergrund, welche den einzelnen vor dem Machtmißbrauch des Staates schützen soll. In diesen Spannungsrahmen ist insbesondere seit diesem Jahrhundert die Sozialgesetzgebung eingebettet.

Diese Denktradition ist jedoch nicht selbstverständlich. Jede Hochkultur hat ihre eigene, die sich unterschiedlich auswirkt auf das ökonomische Ergebnis. In China z. B. kann der einzelne sich auf keine höhere Instanz berufen, es gibt keine unveräußerlichen Menschenrechte (so ist es auch verständlich, daß China nicht der Menschenrechtskonvention beitritt), der Konfuzianismus schuf stabile Verhältnisse. Im staatsrechtlichen Sinne konnte sich die Würde des Menschen, seine Eigenwertigkeit, Freiheit und Verantwortung nur bedingt entwickeln. Der Kaiser war geistliches und staatliches Oberhaupt, womit es keinen Gegensatz von Recht und Moral geben kann. So ist es verständlich, daß auch heute die Partei der bürgerlichen Freiheit und Demokratie konsequent eine Absage erteilt.[7]

Nach der heute gültigen Verfassung von 1982[8] schützt die Rechtsordnung grundsätzlich den Staat vor den Bürgern und nicht umgekehrt wie in Europa, so daß es in China auch keine Verwaltungsgerichtsbarkeit gibt. Statt dessen wendet sich der Bürger an höhere Verwaltungsinstanzen. Da der Staat vor dem Bürger zu schützen ist, ist es auch verständlich, wenn die Konterrevolution eines der größten Verbrechen darstellt. Sie steht im Mittelpunkt des chinesischen

Strafrechts von 1979. „Die Aufgabe des Strafrechtes der Volksrepublik China besteht darin, Strafen im Kampf gegen alle konterrevolutionären und anderen strafbaren Handlungen einzusetzen, um damit das System der Diktatur des Proletariats zu verteidigen ...“[9]

Die Herrschenden können moralische Urteile fällen, die nicht an objektive Gesetze und Rechte gebunden sind. Die monolithische Bürokratie erstarrt, sie bestimmt über gut und böse. Es scheint, daß auf dieses kulturelle Erbe in China der Marxismus aufbaut, die kulturelle Basis aber mehr als 2000 Jahre alt ist. Spätestens seit dem 4. 6. 1989 (Aufstand in China) ist bekannt, daß die Denkweise in China nicht mehr monolithisch ist, dies sagt aber noch nichts über die Denkweise der Chinesen in der Zukunft aus.

Eine Kulturveränderung muß sich nicht als lang anhaltender Prozeß vollziehen. Er kann auch in Brüchen geschehen. Dies zeigt sich an Japan oder Taiwan mit seiner ökonomisch und politisch gewaltsamen Öffnung zu Europa und Amerika und der daraus folgenden wesentlichen Kulturveränderung. Dabei erfolgte keine Aufgabe der eigenen Kultur, sondern die Implementierung und Anpassung an fremde Kulturelemente. Die kulturell vorhandene Gruppe übernimmt z. B. in Japan Funktionen des Individuums. Eine Lenkung der Energien in wirtschaftliche Bereiche wurde möglich und brachte in ungewöhnlich kurzer Zeit hohen Wohlstand.

Die Rechtsordnung im Abendland stellt eine Orientierung des Handelns dar und beruht darauf, daß abstrakte Rechtssätze auf konkrete Tatbestände angewandt werden. Sie wird gleichzeitig durch das sich ständig verändernde Rechtsbewußtsein der Bürger beeinflußt. Sie ist umso leichter zu praktizieren, je breiter die Schichten sind, die dieses Rechtsbewußtsein billigen. Der Bürger benötigt die staatliche Garantie des Rechts mit dem dahinterstehenden Zwangsapparat. Dieses sein „Recht“ will er unverzüglich durchgesetzt haben. Es soll nach rationalen Regeln funktionieren, und die Richter haben unparteiisch, d. h. uninteressierte Dritte, zu sein. Dieser für das Abendland elementaren Grundsätze bedürfen die Menschen nicht nur generell für ihre Lebensführung, sondern insbesondere für ihre Bereitschaft, im ökonomischen Sinne Leistung abzugeben. Im ökonomischen Bereich spielt die Rechtsordnung eine zentrale, unverzichtbare Rolle, um Güter bereitzustellen und um die individuellen Rechte, wie z. B. Schuldverpflichtungen, zu schützen. Dazu gehört, daß sich die Wirtschaftssubjekte auf die staatlichen Maßnahmen einstellen können (continuity, credibility, consistency). Die staatlichen Maßnahmen müssen dem Bürger verständlich sein. Das ist nicht immer gegeben, wie z. B. bei der unterschiedlichen Behandlung von Alterseinkommen, der unterschiedlichen Wirkung der Gewerbesteuer bei großen und bei kleinen Unternehmen oder der unterschiedlichen Besteuerung von Vermögensarten.

Je differenzierter der Markt ist, desto vielfältiger sind die Rechtsansprüche. Gerade im ökonomischen Bereich ist die Gefahr, daß Gesetze umgangen werden, besonders groß. Unsere Gesellschafts- und Wirtschaftsordnung ist ohne eine hochqualifizierte, in die Wirklichkeit umgesetzte Rechtsordnung nicht denkbar, sie scheint wirkungsvoll zu sein, um individuelle Kräfte freizusetzen.

Es gibt jedoch offensichtlich Bereiche in der Gesellschaft der Bundesrepublik Deutschland, die den Anforderungen des formulierten Rechtsstaates nicht entsprechen. *Olson* weist nach,[10] daß durch Verhandlungen zwischen den Interessenvertretern und dem Staat keine optimalen Ergebnisse entstehen, daß stabile Verhältnisse das kollektive Handeln fördern, daß „kleine“ festgelegte Gruppen relativ hohe Macht haben und daß dadurch die Effizienz des Wirtschaftens und das Volkseinkommen vermindert werden. Dieser armutsmehrende Sachverhalt gilt für die marktwirtschaftlich orientierten Länder in unterschiedlichem Maße. *Olson* weist nach, daß diese Verteilungskoalitionen von ungeheurer Wirkung sind und betrachtet sie als Ursache für den Aufstieg und Untergang von Nationen.

Es sind die Ursachen für die Bildung von Verteilungskoalitionen zu ermitteln und Lösungswege aufzuzeigen. Eine Säule des gesellschaftlichen Zusammenlebens in der Bundesrepublik Deutschland ist das Privatrecht, in dem die Rechtssubjekte grundsätzlich gleichgeordnet sind. Auf diese Weise finden – im Sinne von *Immanuel Kant* – die Handlungsmöglichkeiten des einzelnen dort ihre Grenzen, wo deren Wahrnehmung die Freiheit anderer beschränkt. Damit gewährt das Privatrecht für alle die gleiche Freiheit. Wenn die Marktgesetze mit dem sozialen Ausgleich verbunden werden sollen, so verändert sich die Gesellschaft nicht mehr selbst unter dem Schutz der Gesetze, sondern sie wird vom Staat mit dem Ziel des sozialen Ausgleichs mitgestaltet *(von Hayek, Böhm)*. Damit erhalten diejenigen, die als schutz- oder fürsorgebedürftig erklärt werden (das können auch machtvolle Kartelle sein), eine ergebnisorientierte Ungleichbehandlung. Die Rechte sind nicht mehr gleich.

Je mehr aber der Staat den sozialen Ausgleich durch eine Gesellschaftsgestaltung zu erreichen sucht, desto mehr wird die Trennung von Staat und Gesellschaft durchbrochen. Damit entsteht die Tendenz, daß die Rechtsstaatlichkeit auf die Erfordernisse der Gesellschaft reduziert wird. Richter müssen sich von ihrer Unabhängigkeit lösen und Staatsziele mit berücksichtigen (Richterrecht). Die Entwicklung zu Verteilungskoalitionen wurde nicht durch die Tatsache aufgehoben, daß das Grundgesetz Rechtsstaatlichkeit und Sozialstaatlichkeit nebeneinander stellt. Es ergeben sich durch die Sozialstaatlichkeit bzw. Verteilungskoalitionen Eigengesetzlichkeiten in der politischen Willensbildung. Praktisch bedeutet das eine Zusammenarbeit von Politikern und Interessenvertretern, wozu auch die Tarifpartner gehören. Beide Seiten stehen unter dem Druck ihrer Klientel. *Böhm* spricht von einer „Vergesellschaftung des Staates" und einer „Verstaatlichung der Gesellschaft". Die Selbstbestimmung der Bürger wird eingeschränkt und die Freiheit des Wirtschaftens der Sozialstaatlichkeit geopfert, was sich armutsmehrend auswirkt. Der Bürger wehrt sich nicht dagegen, da er glaubt, etwas zu bekommen und nicht sieht, daß er viel mehr gibt.

Wie könnte die Lücke zwischen sozialer Gerechtigkeit und der Sicherung der individuellen Freiheitsrechte geschlossen werden?

Die Legislative schafft einen Rechtsrahmen, der aufzeigt, welche Verteilungskoalitionen oder Subventionen erfolgen dürfen. Im Rahmen dieses Rechts entscheidet eine autonome Behörde. Vergleichbare, heute bereits bestehende Institutionen sind die *Deutsche Bundesbank* oder das *Bundeskartellamt.* So wie das Bundeskartellamt die Betroffenen anhört, um sich einer Bestgestaltung zu nähern, könnte auch ein ‚Amt für Subventionen" mit den Betroffenen zusammenarbeiten. Damit ist bei Anwendung des Rechts unter Berücksichtigung der gegebenen Situation eine von politischen Einflüssen freie Gestaltung der Subventionstätigkeit möglich.

Verschlechtern sich beispielsweise die Absatzmöglichkeiten eines Wirtschaftszweiges deutlich, so fordern die Unternehmen ebenso wie die Arbeitnehmer bzw. ihre Vertreter regelmäßig vom Staat eine Unterstützung, um ihre Tätigkeit nicht einstellen zu müssen. Ein Amt kann nach Anhörung aller Betroffenen auf der Grundlage von Gesetzen entscheiden ob, in welchem Umfang oder/und mit welchen Auflagen Unterstützung gewährt wird. Die Grenzen des

Sozialstaates können weit sein, aber es sollten eindeutige Grenzen gezogen werden.

Es gehört zu den unabdingbaren Aufgaben des Staates, das Zusammenleben der Menschen zu regeln, sie voreinander zu schützen, sie vor dem Machtmißbrauch des Staates zu bewahren[11] und die individuellen mit den kollektiven Rechten zu verbinden. *Max Weber* bezeichnet die Verwaltung als die Keimzelle des modernen Staates.[12] Hierzu werden Verwaltungen aufgebaut, die Voraussetzung für ein geregeltes Zusammenleben und damit unabdingbar für die wirtschaftliche Leistung der Menschen sind. Von der Qualität der Verwaltung, die sich den Gegebenheiten des Landes anzupassen hat, hängt im hohen Maße der Wohlstand der Gesellschaft ab. Zu ihren Wesensmerkmalen sollte eine hohe Qualifikation aufgrund ihres Wissens gehören, so daß sie den wechselnden politischen Instanzen regelmäßig überlegen ist. Sie muß berechenbar und rational kalkulierbar arbeiten, d. h. vom Sachverhalt, Gesetzen und Verordnungen ausgehen und strenge Neutralität üben. Die Verwaltung ist an rationale, formale Regeln gebunden. Sie gibt durch die nivellierende Wirkung ihres unpersönlichen Handelns insbesondere den Schwachen in der Gesellschaft Schutz.

Der Formalismus, den ihre Arbeitsweise auszeichnet, ist der Schutz vor der Willkür. Um ihre Aufgabe in dem gewünschten Sinne erfüllen zu können, benötigt sie eine Unabhängigkeit, die es ihr ermöglicht, „ohne Ansehen der Person", „gleich für jedermann" zu arbeiten, was am ehesten durch die unpersönliche, kontinuierliche Arbeit des ernannten Beamten geschehen kann. Die Verwaltung stellt das stabile Element in der Gesellschaft dar, Aufwandsgesichtspunkte dürfen keine wesentliche Rolle spielen, wenn der Bürger geschützt sein soll.

Durch das Anwachsen der staatlichen Aufgaben und deren Eigendynamik, insbesondere der Verwaltungsorganisation, erhöht sich der Verwaltungsbereich in allen Ländern ständig. Die Macht der Verwaltung wächst, was die Bürger ebenso wie der überproportional wachsende Aufwand für die Verwaltung irritiert.[13] Die Einführung eines Ombudsmannes zeigt, daß die Verwaltung einer Instanz bedarf, die den Bürger vor ihr schützen soll. Für die Wohlstandsmehrung ist eine unabhängige, hochqualifizierte Verwaltung unablässig, und sie verbraucht gleichzeitig Güter, wodurch der Bürger ärmer wird. Eine Wohlstandsmehrung verlangt demzufolge, daß ihre Quantität klein gehalten wird, ohne daß die Qualität darunter leidet. Dies ist eine zentrale permanente Aufgabe der Gesellschaft, um die Wohlstandsmehrung nicht zu beeinträchtigen. Sie wird umso eher erfüllt werden können, je dezentraler – entsprechend der Organisationsentwicklung in Unternehmen – die Verwaltung arbeitet und je weniger Aufgaben sie erhält, sofern der selbständige Bürger sie alleine erfüllen kann. Diese rationalisierte Verwaltung entspricht nicht der Denktradition aller Kulturen, sie scheint aber effektiv zu sein, um den Wohlstand zu mehren.

5.2 Staatsaufgaben

5.2.1 Umfang der Staatsaufgaben

Die Art und der Umfang der Staatsaufgaben richten sich in einer freien Gesellschaft – die zugrundegelegt wird – langfristig nach dem Bedürfnis, welche Aufgaben die Bürger durch das Kollektiv erfüllt wissen wollen. Wird eine Leistung durch das Kollektiv erbracht, so ist sich der Bürger regelmäßig nicht bewußt, welche Vermögensminderung bei ihm kurzfristig oder durch die Erhöhung der Staatsschulden langfristig eintritt. Eine wohlstandsmehrende Betrachtung muß einen rationalen Ansatz herausarbeiten und die Irrationalitäten der Menschen aufzeigen.

Da der Staat seine Ausgaben durch die Abgaben der Bürger deckt und eigenen Verwaltungsaufwand hat, müßte jede Mark, die er einnimmt, eine höhere Bedürfnisbefriedigung auslösen, als würde das Geld beim Bürger verbleiben.

Der zur Eigenverantwortung fähige Bürger hat tendenziell das Bedürfnis, über seine von ihm erarbeiteten Güter in einem großen Maße selbst zu verfügen, da er glaubt, dann eine höhere Bedürfnisbefriedigung zu erzielen.

Es wurde im Abschnitt 5.1 gezeigt, daß die Verwaltung durch das Wachstum ihrer Aufgaben immer größer wird. Damit wächst auch die Schwerfälligkeit der staatlichen Entscheidungen, so daß auch aus Gründen der Effizienz Bereiche wie Altersversorgung, Wohnungsbau oder Krankenversorgung nicht in die öffentliche Hand gehören, sofern die Individuen nicht der Sozialhilfe bedürfen.[14] Die Staatsquote am Volkseinkommen gibt einen Anhaltspunkt für diesen sozialen Aspekt, der sich stark wohlstandsbeeinflussend auswirkt. Ein Indiz hierfür ist der Vergleich der Entwicklung von Österreich und der Schweiz. Der Wohlstand in Österreich mit seiner hohen Staatsquote, stark ausgebauten Sozialleistungen und erheblichen staatlichen Aktivitäten ist in Relation zur Schweiz in den letzten zehn Jahren stark gesunken.

Der Prozeß des steigenden Staatsanteiles ist zwar tendenziell vorhanden, aber er ist nicht zwingend. Durch das Wahlverhalten der

Bürger in den achtziger Jahren in der Bundesrepublik Deutschland sank die Staatsquote, nachdem sie vorher – besonders in den siebziger Jahren – kontinuierlich gestiegen war.[15]

Jahr	Mrd. DM	% des BSP
1970	264,1	39,1
1975	509,1	49,5
1980	722,4	48,6
1985	875,5	47,5
1989	1016,6	45,3

Ausgaben des Staates (Gebietskörperschaften und Sozialversicherung) 1970-89
(Quelle: Zahlen zur wirtschaftlichen Entwicklung der Bundesrepublik Deutschland 1991; *Institut der deutschen Wirtschaft*, Köln 1991, Abb. 41)

Es gehört zu den zentralen Staatsaufgaben, daß der Staat den Bürgern mittelfristig die Freiheit läßt, zu entscheiden, welche Aufgaben durch das Kollektiv und welche durch ihn individuell geregelt werden sollen.

Eine Orientierung, wie der Staat seine Aufgaben ökonomisch erfüllen kann, gewinnt man durch die Beobachtung der Unternehmen. Sie sind unter Marktbedingungen zu Wirtschaftlichkeit und Rentabilität gezwungen. Die Unternehmen werden immer stärker dezentralisiert, um die Entscheidungswege zu verkürzen und sich besser den Bedürfnissen des Marktes – in der Gesellschaft wäre das der Bürger – anzupassen.[16] Da durch ständige unvorhersehbare Einflüsse jede nicht ganz kurzfristige Planung falsch sein muß, ist die Entscheidung soweit als möglich in den unteren Hierarchiestufen, d. h. im Idealfall beim Ausführenden bzw. beim Bürger selbst, anzusiedeln, um kurzfristig die notwendigen Plankorrekturen vornehmen zu können.

Das Wissen über einen Sachverhalt ist umso geringer, je weiter der Entscheidende von dem Sachverhalt entfernt ist. Damit ist die Dezentralisation staatlicher Tätigkeit aus der Sicht der Wohlstandsmehrung eine der wichtigsten Staatsaufgaben. Dies erhöht die Freiheit der Bürger, und es trägt zur Humanisierung des Lebens im Staat – wie bei den Unternehmen – bei, sofern die Menschen die Eigenverantwortung lieben.

Die Verwaltung stellt das stabile Element in einer Gesellschaft dar. Sie ist die Voraussetzung, daß das labile Element – die Wirtschaft – tätig werden kann. In Unternehmen werden, u. a. durch organisatorische Maßnahmen (Matrixorganisation), Konflikte bewußt herbeigeführt, um mehrere mit ihrem Wissen eigenverantwortlich an einer Entscheidung zu beteiligen.[17] Damit kann verhindert werden, daß ein einzelner mit seinen begrenzten Kenntnissen die Entscheidung fällt. Sie wird qualitativ minderwertiger sein als eine Entscheidung, die durch mehrere mit unterschiedlichen Vorstellungen und zusammen größerem Wissen gefällt wird. So gehört es zu den Staatsaufgaben, die Konflikte in einer Gesellschaft zu erhöhen, um auch hier bei der Bewältigung der Aufgaben das Wissen möglichst vieler einzubringen. Die Instabilität der Mikroorganisationen führt zu einer Wohlstandsmehrung. In Unternehmen werden die erzeugten Konflikte jedoch gleichzeitig durch organisatorische und personelle Maßnahmen begrenzt, um ein kontinuierliches Arbeiten zu ermöglichen. Auch in der Gesellschaft sind die Konflikte zu begrenzen, um Unsicherheit und Chaos zu vermeiden. Die Gesetzgebung und die Verwaltung sind hierfür geeignete Instrumente.

Die Staatsaufgaben werden umso wichtiger, je höher der Wohlstand ist, denn desto komplexer ist das ökonomische Leben. Der Staat sollte einerseits nicht wirtschaftlich tätig sein, da dies armutsmehrend ist und andererseits dafür sorgen, daß die Schwachen aus wirtschaftlichen Gründen am Leben der Gesellschaft teilnehmen können. Der Staat sollte außerdem die Entfaltungsmöglichkeiten der Wirtschaftssubjekte (Gesetz gegen Wettbewerbsbeschränkung) sicherstellen und Verteilungskoalitionen einschränken. Grundsätzlich ergibt sich, daß es zu den unverzichtbaren Aufgaben des Staates gehört, den Rechtsstaat und eine funktionsfähige Verwaltung zu erhalten. Darüber hinaus gibt es einige nichtökonomische Bereiche, wo seine Tätigkeit praktisch unverzichtbar ist (Militär). Er hat Rahmenbedingungen zu schaffen und zu erhalten, die den Bedürfnissen der Bürger entsprechen, wobei deren materieller Wohlstand mit zunehmender Staatstätigkeit abnimmt.

Ausgehend von *Eucken* und *Böhm* hat der Staat eine stabile Währung, privates Eigentum, Vertragsfreiheit und Wettbewerb zu schützen. Diese „Privatrechtsgesellschaft“ ist aber offen und zu einer Weiterentwicklung verpflichtet.[18] Daher sollten die durch Monopole beherrschten Bereiche – Energieversorgung, Gesundheitswesen,

Staatsunternehmen – den Verteilungskoalitionen entzogen werden. Im übrigen hat der Staat für die Neutralität des Geldes zu sorgen, frei schwankende Wechselkurse zuzulassen und die Gleichbehandlung von emissions- und nicht emissionsfähigen Unternehmen zu fördern.

Er ist armutsmehrend, wenn der Staat den Bürgern Mittel entzieht, die er ihnen – um die Umverteilungskosten vermindert – in einem Warenkorb zurückgibt, der ihrem Grenznutzen nicht entspricht. Es existiert auch keine verbindliche Definition für ein öffentliches Gut.[19] Die Ansichten sind darüber von Land zu Land verschieden, so daß die politischen Entscheidungen den Bürgern oft als Willkür erscheinen.

Die Umverteilungsrate darf nicht so groß sein, daß die Leistungsbereitschaft der Bürger sinkt, da dadurch die Armut zunimmt. Bei einem Wirtschaftswachstum von 130 % in der Zeit von 1970 bis 1982 stieg das Transfereinkommen in der Bundesrepublik Deutschland um 230 %. 1985 betrug es 570 Mrd. oder 31 % des Bruttosozialproduktes. Die Einkommensdifferenzen waren 1985 vor der Umverteilung 1:7 und nach der Umverteilung 1:3. Die Ursachen sind aber nicht allein in der Politik des Staates zu suchen. Die Bürger, auch diejenigen, die nur in geringem Maße von Verteilungskoalitionen profitieren, wünschen sich zu 47 % feste Preise für den Wohnraum.

Andererseits versuchen die Bürger, die staatlichen Maßnahmen zu umgehen, was nicht nur den Aufwand des Staates durch Kontrollen erhöht, um die Staatsziele zu erreichen, sondern auch Energien und Kapital der Bürger fehlleitet.

Der Staat hat die Vorgaben zu entwickeln und die Rahmenbedingungen zu schaffen; die Wirtschaftssubjekte haben Wege aufzuzeigen und durchzuführen, wie diese Vorgaben, z. B. die Vermeidung und unschädliche Entsorgung von Müll, erfüllt werden können. Diese Zweiteilung der Aufgaben ist am meisten wohlstandsfördernd, wodurch die von den Nationen zu bewältigenden Existenzaufgaben, wie ihre Staatsverschuldung, Erhalt der Umwelt oder Milderung globaler Nöte am ehesten bewältigt werden können.

5.2.2 Sozialpolitik

Die Sozialordnung eines Landes umfaßt die Gesamtheit der Institutionen und Normen zur

- Regelung der sozialen Stellung von Individuen und Gruppen in der Gesellschaft sowie
- wirtschaftliche Regelungen zwischen Gesellschaftsmitgliedern, die sich aus der unterschiedlichen sozialen Situation ergeben und die ihren Niederschlag im System der Sozialgesetzgebung finden.

Wirtschaftsordnung und Sozialordnung sind nicht zu trennen – in welchem Ausmaße ihr sozialer Gehalt zur Entfaltung kommt, beeinflussen die Bürger. Das Sozialstaatsprinzip ist verfassungsmäßig verankert, bietet aber in seiner ‚Unbestimmtheit' hinreichend Freiraum, um Wandlungsprozesse in der Gesellschaft und der Wirtschaft gestaltend zu begleiten.

Unstrittig ist, daß die Bürger Rahmenbedingungen benötigen, die ihnen Sicherheit für ihr Vermögen und den Ertrag ihrer Arbeit geben. Dazu muß die Sozialpolitik soweit ausgebaut sein, daß Chaos und Revolutionen vermieden werden, daß die sozialen Spannungen ein Niveau nicht überschreiten, das den Einsatz und die Kombination der Produktionsfaktoren Arbeit und Kapital nicht wesentlich behindert.

Die Sozialordnung eines Landes muß in ihrer konkreten Ausgestaltung Mindestanforderungen genügen, um das Wirtschaftsleben zu sichern. Um sie wohlstandsmehrend auszugestalten, sind Bedingungen zu schaffen, damit eine größtmögliche Entfaltung der Leistungsbereitschaft des kreativen Bevölkerungsteils erfolgt, die Leistungsmotivation der Schwachen gefördert wird und das Existenzminimum der Arbeitsunfähigen definiert und gesichert ist.

Eine weitergehende Sozialpolitik ist eine ethische und politische Entscheidung. Sie ist abhängig von der jeweiligen Gesellschaftsordnung. Während die Sozialpolitik des Sozialismus sowie der sozialen Marktwirtschaft in der Theorie relativ klar ausgestaltet ist, scheint bei dem *„Mittleren Weg"* ein wissenschaftlicher Nachholbedarf vorzuliegen.

Dies hat verschiedene Ursachen:

- Der theoretische Ansatz ist, wie es scheint, nicht tragfähig. Haben die Unternehmen ein Selbstbestimmungsrecht ihres Wirtschaftsplanes oder ist ein zentraler Volkswirtschaftsplan gegeben? Gilt das erwerbswirtschaftliche Prinzip oder das Prinzip der Planerfüllung? Ist die Verfügbarkeit der Produktionsmittel in privater Hand oder Gemeineigentum? Diese Gegensätze lassen sich in einer Rechtsordnung nicht beseitigen, sie lassen sich mildern, aber der grundsätzliche Gegensatz der Wirtschaftsordnungen bleibt bestehen, so daß es fraglich ist, ob es einen „Mittleren Weg“ geben kann.

- Der „Mittlere Weg“ ist stark von den Idealen der einzelnen Vertreter abhängig. Es konnten sich keine Schulen herausbilden.[20]

Am klarsten und längsten bemüht sich die katholische Soziallehre um einen Ausgleich. Aber auch die erstellt kein Wirtschaftsmodell, sondern ist eine ethische Anforderung an den einzelnen.

Obwohl die Ablehnung des Kommunismus von der katholischen Kirche nie eingeschränkt wurde, entwickelte sie andererseits eine ausgeprägte „Soziallehre“, die nicht nur auf dem sozialen Ausgleich fußte, sondern auch auf einer Aversion gegen den liberalen Kapitalismus. Dies hatte erhebliche Auswirkungen auf die ökonomische Entwicklung in den christlichen Ländern, denn der katholische Freiheitsbegriff hat einen ganz anderen Inhalt als in den protestantisch geprägten Volkswirtschaften. Eine in dieser Weise beschränkte Freiheit kann beim Bürger zu Enttäuschungen und Lethargie führen, die ihn einerseits die Geborgenheit des Kollektivs vermissen läßt und andererseits seinen Freiraum einschränkt. Der Werte-Kanon des „Mittleren Weges“ wiederholte sich in der Sozialenzyklika *Leo XIII. „Rerum novarum“* vom 15. Mai 1891. Auch sie betont die Person, die Solidarität, das Gemeinwohl und die Subsidiarität.

Die Enzyklika *„Mater et Magistra“* von *Johannes XXIII.* aus dem Jahre 1961 stellt wiederum den Menschen als Träger, Schöpfer und das Ziel aller menschlichen Einrichtungen in den Vordergrund. Damit wird der Arbeit der Vorrang vor dem Kapital gegeben. Es wird klar ausgeführt, daß die Entfaltungsmöglichkeit der Würde des Menschen eine Wohlstandsminderung bedeuten kann. Es wird aber nicht gesagt, ob diese durch ein Kollektiv oder das Individuum zu tragen ist. Dieses Spannungspotential scheint wenig Beachtung gefunden zu haben. Ziel ist die Verantwortlichkeit des einzelnen für das Gemeinwohl. Neben die Nächstenliebe tritt gleichberechtigt die Solidarität.[21]

Der Versuch, den „Mittleren Weg" zu gehen, ist ein verständlicher Wunsch des Menschen, die Vorteile zweier grundsätzlich verschiedener Systeme zu erhalten. Da die Systeme nicht vereinbar sind, muß der Versuch scheitern und beim Bürger Enttäuschungen hervorrufen, wodurch seine Leistungsbereitschaft nochmals eingeschränkt wird. Aus der Sicht des moralischen Appells an den einzelnen kann seine Wirkung nicht bemessen werden.

Im folgenden werden einige sozialpolitischen Größen unter marktwirtschaftlichen Bedingungen in ihren Auswirkungen auf die Wohlstandsmehrung besprochen.

Arbeitslosigkeit

Das Phänomen der Arbeitslosigkeit hat eine moralisch-ethische Dimension, da einzelne Menschen während ihres Arbeitslebens aus dem Kreis der Erwerbstätigen ausgegrenzt werden. Das Recht auf Arbeit hat eine lange Tradition und ist regelmäßig mit der Pflicht zur Arbeit verbunden. Meist geht es auf das Naturrecht zurück.

Im Merkantilismus – getragen vom christlichen Arbeitsethos – kamen die Arbeitslosen in Manufakturen oder Arbeitshäuser. Im preußischen Landrecht waren entsprechende Regelungen fixiert. Das Bürgerrecht auf Arbeit war kein sozial gesichertes Recht.[22] Es war nur eine Soll-Vorschrift, ein Klagerecht bestand nicht. *Bismarck* forderte 1884 das Recht auf Arbeit.[23]

Die Sozialdemokratie lehnte das Recht auf Arbeit ab. *Bernstein* verglich es mit dem Recht, ausgebeutet zu werden.[24] In der Weimarer Verfassung ist es als Soll-Vorschrift enthalten. Dies gilt auch für die Verfassung von sieben alten Bundesländern, jedoch nicht für die Bundesrepublik Deutschland, die sich durch die Europäische Sozialcharta[25] verpflichtet hat, Vollbeschäftigung anzustreben, in einem Pakt der Vereinten Nationen das Recht auf Arbeit anerkennt[26] und durch das Übereinkommen des Internationalen Arbeitsamtes[27] eine aktive Beschäftigungspolitik vorsieht. In der ehemaligen DDR bestand das Recht entsprechend den gesellschaftlichen Erfordernissen, war also nicht einklagbar.

Entscheidend sind die ökonomischen Auswirkungen. Danach ist es ohne große Bedeutung, ob das Recht auf Arbeit in der Verfassung als Soll-Vorschrift steht oder nicht. Wird ein Recht auf Arbeit mit einem Recht auf Einkommen verbunden, von dessen Ertrag die

Arbeitslosen auskömmlich leben können, so ist dieses Recht für eine freie Wirtschaft tragbar, wenn „auskömmlich" bedeutet, daß das Einkommen nicht wesentlich über dem Fürsorgesatz liegt, da unter diesen Umständen der einzelne eine Tätigkeit anstreben wird. Ist das Recht auf Arbeit mit einer bestimmten Tätigkeit und dem entsprechenden Einkommen verbunden, so scheint es den Rechtsrahmen – Vertragsfreiheit, Eigentumsgarantie – zu sprengen und mindert die Leistungsfähigkeit einer Wirtschaft insbesondere bei der freien Berufswahl.

Wird die Menge eines eingesetzten Produktionsfaktors verkleinert, so verringert sich ceteris paribus die Menge der produzierten Güter und die relative Armut nimmt zu.

Die Ursachen für Arbeitslosigkeit können im kulturell-sozialen Bereich einer Gesellschaft liegen oder ökonomische Ursachen haben.[28] Liegen sie im kulturell-sozialen Bereich, haben die Gesellschaft bzw. die Regierungen zu entscheiden, ob sie eine Sozialpolitik betreiben, die diese Art von Arbeitslosigkeit verhindert oder ob sie den Betreffenden die ihnen zum Leben notwendigen Güter zur Verfügung stellt.

Kulturell-soziale Ursachen für Arbeitslosigkeit sind u. a. folgende:

- der Erwerbstätige wird nicht gezwungen, örtlich mobil zu sein, da ihm nicht zugemutet werden soll, seine sozialen Beziehungen, seine Wohnung oder andere wesentliche Bestandteile seiner Lebenssituation aufzugeben;
- der Staat übernimmt in vielen Ländern faktisch die Garantie, daß jeder den von ihm gewünschten Beruf erlernen kann; er kann aber bei freier Berufswahl nicht die Garantie übernehmen, daß jeder auch seinen Beruf ausüben kann; es fragt sich, ob der Staat das Individuum zwingen soll, eine auf seine Ausbildung bezogene subalterne Tätigkeit zu übernehmen oder ihn durch die Berufstätigen ernähren zu lassen;
- soziale Randgruppen mit ihrem regelmäßig gebrochenen Verhältnis zur Arbeit;
- ein Arbeitsethos, welches den Arbeitslosen moralisch in sinkendem Maße stigmatisiert;
- die Tarifautonomie, welche die Einkommen nicht unter einen bestimmten Mindestsatz absinken läßt;

- eine geringe Differenzierung zwischen den unteren Lohngruppen und dem Arbeitslosengeld, welche es dem Arbeitslosen vorteilhaft erscheinen läßt, nicht zu arbeiten bzw. nur in der Sekundärwirtschaft tätig zu sein;
- bestimmte Tätigkeiten gelten für Arbeitnehmer als nicht zumutbar, wenn ein hohes Qualifikationsniveau vorliegt;
- bei einem zu knappen Angebot an Führungskräften kann eine Verkürzung der Arbeitszeit zu einer Entlassung und damit Arbeitslosigkeit bei denjenigen führen, die ausführende Arbeiten zu verrichten haben, da dann die begrenzte Leistungsspanne der Führungskräfte die Nachfrage nach Arbeit bestimmt;
- die Anforderungen an den Aufgabenträger steigen durch veränderte Arbeitsbedingungen oder neue Technisierung, der er nicht mehr gewachsen ist;
- fehlende Umschulungsbereitschaft oder -möglichkeit bei sich verändernden Aufgabenprofilen;
- es existiert keine ausreichende private oder öffentliche Betreuung für diejenigen, die aufgrund ihrer Persönlichkeitsstruktur Probleme haben, sich bestimmten Anforderungen des Arbeitsprozesses unterzuordnen;
- bei kinderreichen Familien ist die Mutter regelmäßig nicht in der Lage, die Familienbetreuung abzugeben und der Vater kann nicht soviel verdienen, daß die Familie nicht unter die Armutsgrenze fällt; die Mutter wird nur solange im Jahr arbeiten, daß sie den Rest des Jahres Arbeitslosenunterstützung erhält;
- viele Frauen – sie erscheinen nicht in der Arbeitslosenstatistik – würden gern, wenn die Kinder größer sind, einer ihrer Qualifikation entsprechenden Arbeit nachgehen, aufgrund der veränderten Arbeitsmarktsituation finden sie jedoch keine entsprechende Tätigkeit;
- in einer Vielzahl von Entwicklungsländern ist die physische und psychische Leistungsfähigkeit eines Teiles der Bevölkerung so gering, daß dieser Teil einer geregelten Arbeit nicht nachgehen kann.[29] Hat die Arbeitslosigkeit eine der vorstehenden kulturell-sozialen Ursachen, so muß die Gesellschaft entscheiden, ob sie durch wirtschaftliche oder gesellschaftliche Maßnahmen, die sozialpolitisch gemildert werden können, einen Arbeitszwang aus-

übt oder durch Umverteilungsmaßnahmen den Erwerbslosen Einkünfte zukommen läßt was wohlstandsmindernd ist.

Arbeitslosigkeit kann ferner entstehen, wenn sich die Güterpreise oder die Leistungsbereitschaft der Bürger verändern. Ob und in welcher Form der Staat darauf reagiert, ist eine gesellschaftliche Frage und hängt von der wirtschaftlichen Situation und den wirtschaftspolitischen Vorstellungen des Staates ab.

Sozialhilfe

Sozialhilfeberechtigt sind diejenigen Gesellschaftsgruppen, die nach Ansicht der Gesellschaft oder der sie vertretenden Regierungen in relativer Armut leben. Die Sozialhilfe resultiert aus Lücken, die durch andere Sozialleistungssysteme nicht abgedeckt werden können, wenn eigene Kräfte den Lebensunterhalt nicht mehr sichern bzw. wenn besondere Lebenslagen eintreten. Unabhängig von der Diskussion um die sogenannte ‚Neue Soziale Frage' ist festzustellen, daß die notwendigen Sozialhilfeleistungen steigen.[30]

Aufmerksamkeit verlangen im wesentlichen zwei Bevölkerungsgruppen, die der Sozialhilfe bedürfen.

Kinderreiche Familien

In Abschnitt 4.3 wurde begründet, warum kinderreiche Familien mit drei und mehr Kindern nicht selten unterhalb der Armutsgrenze leben. Da ein wesentlicher Zusammenhang zwischen dem Wohlstand der Familien und der Zahl der Kinder besteht, so ist es ökonomisch konsequent, wenn in armen Volkswirtschaften, wie z. B. China, kinderreiche Familien materiell bestraft werden, um abzuschrecken, daß sich die Eltern weitere Kinder zulegen. Auch für wohlhabende Länder gilt:

„Nach wie vor sind kinderreiche Familien ... sowohl einkommensmäßig als auch sozial diskriminiert. Die bisherige Familienpolitik hat daran nur wenig ändern können; sie weist in Umfang und Struktur entscheidende Defekte auf, die ihre Wirksamkeit in bevölkerungspolitischer Hinsicht deutlich in Frage stellen müssen.[31] Es verstößt gegen den Wunsch nach langfristiger Wohlstandsmehrung, wenn in wohlhabenden Ländern, sofern sie unter einer Bevölkerungsschrumpfung leiden, die Familien nicht in einem genügenden

Umfang gefördert werden. Die Familien schränken ihre Kinderzahl ein, um der Armut zu entgehen.

Alte Bürger

Durch den Generationsvertrag unterhält derjenige Bevölkerungsteil, der sich im erwerbswirtschaftlichen Alter befindet, denjenigen, der im Ruhestand ist. Durch diese Umverteilung wird der Wohlstand gemindert, denn wäre jeder Erwerbstätige während seines Berufslebens gezwungen, in dem Maße auf Konsum zu verzichten, in dem er als Ruheständler seinen Lebensunterhalt aus seinem Kapital und dessen Ertrag finanzieren muß, wäre die Kapitalausstattung der jeweiligen Volkswirtschaft bzw. der Welt besser, was zu einer höheren Produktivität führte. Der Bedarf der Ruheständler ist je nach den Lebensumständen – gesund oder krank, in der Familie oder im Heim lebend – sehr unterschiedlich. Die Gesellschaft geht davon aus, daß ein Teil dieser Aufwendungen direkt von der erwerbsfähigen Gesellschaft über die Rentenbeiträge gezahlt wird und ein anderer über Sozialleistungen.[32] Der Ruhegeldempfänger erhält demnach soviel, wie er gerade in einem gesellschaftlich definierten Sinne zum Leben benötigt. Es fragt sich, ob es nicht ökonomisch sinnvoller wäre, diesen Umverteilungsaufwand einzusparen, indem die Lohnsteuer gesenkt und die Beiträge für die Altersversorgung erhöht werden und die Rentenkasse neben dem Grundbetrag, der der heutigen Rente entspricht, weitere Rentenzahlungen bereitstellt, um z. B. Pflegeheime zu finanzieren.

Es würde ein geringerer Aufwand durch geringere Umverteilungskosten entstehen, der Druck auf eine bessere, individuelle Gestaltung der Altersversorgung nähme zu, der Bürger würde nicht in Altersarmut gestürzt und hätte um Sozialunterstützung zu bitten.

Gesellschaftliche Randgruppen

Unter Randgruppen werden all diejenigen Menschen verstanden, die nach der jeweils gültigen Gesellschaftsordnung als physisch und psychisch gesund gelten, aber ihren Lebensunterhalt nicht selbst verdienen können oder wollen.[33]

Durch Randgruppen wird die Gesellschaft ärmer, da die Randgruppen nicht zur Finanzierung der staatlichen Aufgaben beitragen und ganz oder teilweise unterhalten werden müssen. Die Ursachen für das Entstehen solcher Randgruppen sind sehr unterschiedlich – das mögliche Verhalten der Gesellschaft gegenüber Randgruppen ebenfalls.

Drogenabhängige

Weltweit sind Bemühungen im Gange, um die wachsende Zahl von Rauschgiftsüchtigen zu senken. Die abhängigen Menschen sind aufgrund ihrer Krankheit regelmäßig unglücklich, sterben früh, verzehren teilweise den Ertrag der Arbeit anderer, durch den Zwang zur Mittelbeschaffung ist die Kriminalität ausgeprägt. Sie belasten damit das gesellschaftliche Zusammenleben. Die Gesellschaft hat folgende Reaktionsmöglichkeiten:

- Sie bemüht sich, im bisherigen Umfang das Rauschgiftangebot zu begrenzen und die therapeutischen und aufklärerischen Maßnahmen fortzusetzen. Die Ergebnisse lassen keinen wesentlichen Fortschritt erkennen. Das Unglück der betroffenen Menschen und künftiger Generationen wird weiterhin groß sein. Der Wohlstand der betreffenden Länder bleibt beeinträchtigt.
- Die Gesellschaft verstärkt ihre Anstrengungen, um die persönliche Not zu lindern und langfristige Wohlstandsminderung zu begrenzen. Nach Angaben der *Drug Enforcement Administration* (DEA) handelt es sich allein in den USA um einen Straßenverkaufsumsatz von 100 Mrd. US$. Die Anzahl der Drogenabhängigen in den USA wird je nach Untersuchung und Grad der Abhängigkeit mit 2–10 % der Bevölkerung angegeben. Damit kann die Drogenabhängigkeit zu einer Existenzgefahr für die Gesellschaft werden. Nach Ansicht der DEA wird sich die Situation verschlechtern, wenn die derzeitigen Bemühungen der USA in der Drogenbekämpfung nicht verstärkt werden. Sie weist gleichzeitig darauf hin, daß sich auch in anderen Teilen der Welt, z. B. Europa, die Gefahren der Drogenabhängigkeit rapide ausweiten. Es wird erwartet, daß die europäischen Absatzmärkte sich in dem Maße ausbreiten, wie in den USA eine Einschränkung des Absatzes erfolgt.
- Eine weitere Reaktionsmöglichkeit der Gesellschaft ist, daß Drogenabhängigkeit als Seuche eingestuft wird. Konsum unterbleibt, wenn Angebot oder Nachfrage nicht vorhanden sind. Da das Angebot offensichtlich nicht oder nur sehr begrenzt zu verhindern ist,

kann nur die Nachfrage beseitigt werden, wenn der Konsum verhindert werden soll. Da Rauschgiftabhängige leicht zu ermitteln sind, müßten sie analog zum Seuchengesetz abgesondert werden, wobei es sich in der westlichen Welt um einen nicht unwesentlichen Teil der Bevölkerung handelt.

So bleibt es eine gesellschaftliche Entscheidung, ob die Gesundheit der Bevölkerung und die Wohlstandsmehrung im Vordergrund stehen oder ob ihr die Verletzung der Würde des Menschen, die ein massenhafter Freiheitsentzug für Kranke bedeutet, wichtiger erscheint.

Obdachlose

Die Obdachlosen bestehen aus folgenden Gruppen:[34] Übersiedler (400.000), die kein Recht auf Arbeit besitzen; 500.000 Menschen, die arbeitslos sind und keine Wohnung haben, so daß sie von der Gesellschaft in Notquartieren untergebracht werden und weitere 130.000 Bürger, die ohne wirtschaftliche Lebensgrundlage und Wohnstätte in den alten Bundesländern umherziehen. Auch hier stehen sich gesellschaftlich-kulturelle und ökonomische Interessen konträr gegenüber. In totalitären Staaten wird diesem Problem häufig mit Zwang begegnet. Die Folge ist, daß ein Teil der obdachlosen Bevölkerung dem Zwang entweicht und einer geregelten Tätigkeit nachgeht und ein anderer Teil lebenslänglich der Freiheit beraubt wird. Durch den Zwang zur Arbeit und dem damit verbundenen Einkommen verringert sich die Zahl der Obdachlosen und der Wohlstand steigt. Ob es zur Zufriedenheit der Betroffenen beiträgt und ob die Rechtsstaatlichkeit in ihrem Wesen nicht unterhöhlt wird ist eine gesellschaftspolitische Entscheidung.

Randgruppen machen eine Gesellschaft ärmer. Ihr Entstehen und ihr Umfang ist weitgehend von der kulturellen Einstellung der Menschen abhängig. So waren die Randgruppen in der Bundesrepublik Deutschland in den fünfziger Jahren, in denen der Wohlstand relativ gering war, kleiner als in den relativ reichen achtziger Jahren, sie sind in den reichen USA größer als in dem armen Irland.

Es ist demnach auch eine Frage der Kultur eines Landes, wie auf die Existenz von Randgruppen reagiert wird. Werden sie mit wirtschaftlichem und politischem Zwang klein gehalten, so steigt der materielle Wohlstand. Verzichtet der Bevölkerungsanteil, der ein geregeltes Einkommen besitzt, auf einen Teil seines Konsums und seiner Kapitalbildung, um diesen Gruppen hilfreich zu sein, so sinkt der (materielle) Wohlstand in der Gesellschaft, zumal der Umfang der Randgruppen wächst.

5.2.3 Subventionen

Mit Subventionen[35] sind immer Umverteilungsprozesse verbunden. Erfolgen Transferleistungen an Wirtschaftszweige und Unternehmen, so folgt daraus regelmäßig eine Wohlstandsminderung. Der Leistungsstärkere, der einen größeren Beitrag zum Wohlstand leistet, wird geschwächt, und die Produktionsfaktoren Arbeit und Kapital verharren in Einsatzfeldern mit einer geringeren Produktivität. Es liegt demnach eine teilweise Vernichtung von Kapital vor, die Menschen, die in subventionierten Wirtschaftszweigen arbeiten, werden unbewußt zu Sozialempfängern.

Subventionen werden von ihren Befürwortern mit der Unvollkommenheit des Marktprozesses, mit Umverteilungsnotwendigkeiten und gefährdeten Arbeitsplätzen begründet.[36]

Der Druck, den einzelne Gruppen auf die Regierungen auszuüben vermögen, geht – regelmäßig unbemerkt – auch zu Lasten der Konsumenten, da der Wettbewerb ganz oder teilweise außer Kraft gesetzt wird. Ferner werden die Steuerzahler – meist die gleiche Gruppe wie die Konsumenten – belastet.[37]

Die Produktivität der Unternehmen wird in geringerem Maße erhöht als unter Wettbewerbsbedingungen, da eine negative Wirkung auf die unternehmerische Flexibilität ausgeht, so daß eine Strukturanpassung regelmäßig unterbleibt oder lange hinausgezögert wird. Dabei werden Großbetriebe durch ihre Marktmacht bevorzugt, was zu Wettbewerbsverzerrungen führt. Subventioniert der Staat einen Wirtschaftszweig, so fordern andere Branchen die gleichen Bedingungen, was zu dem ‚Subventionskarussell' führt, das insbesondere vor Wahlen sichtbar wird.

Besonders gefährlich sind Exportsubventionen, da sie meist Importbeschränkungen nach sich ziehen und damit den freien Warenaustausch zwischen den Nationen behindern. Es ergeben sich erhebliche negative Auswirkungen auf die öffentlichen Haushalte, und die Verteilungseffekte zwischen den Personen, Regionen und Branchen werden aus gesellschaftlicher Sicht weitgehend willkürlich. 1983 betrugen die Kosten des Protektionismus in der Bundesrepublik Deutschland 76 Mrd. DM, d.h. 4,6% des Bruttosozialproduktes, 6% des Volkseinkommens oder 3.000,– DM je Erwerbstätigen.

Der 12. Subventionsbericht der Bundesregierung zeigt, daß die Sollzahlen für 1989 deutlich gestiegen sind. Danach betrugen sie 80 Mrd. DM, aber dieser Betrag erhöht sich um ca. 64% durch die Zuschüsse an die Bundesbahn, den ‚Kohlepfennig', das Wohngeld, die landwirtschaftliche Altershilfe und die Krankenkasse auf über 130 Mrd. DM. Das sind über 6% des Bruttosozialproduktes. Die Finanzhilfen allein betragen 81 Mrd. DM oder 8% der Staatsausgaben, 52 Mrd. DM oder ein Zehntel der gesamten Steuereinnahmen werden für Steuervergünstigungen ausgegeben. Der Anteil an Subventionen beträgt im Bergbau 60% und in der Landwirtschaft 50% der Wertschöpfung.[38]

Jahr	Finanzhilfen des Bundes und der Länder	Steuervergünstigungen des Bundes und der Länder	Marktordnungsausgaben der EG	ERP-Finanzhilfen	Summe
1970	14,6	12,8	2,9	1,1	31,4
1975	18,4	21,4	2,2	1,3	43,3
1980	25.6	26,3	6,6	2,7	61,2
1985	25,0	34,0	8,0	2,9	69,9
1989	27,4	38,0	10,5	3,7	79,6

Subventionen von Bund, Ländern und Gemeinden – Finanzhilfen, Steuervergünstigungen, Hilfen von EG und ERP 1970-89
(Quelle: Zahlen zur wirtschaftlichen Entwicklung der Bundesrepublik Deutschland 1991; *Institut der deutschen Wirtschaft*, Köln 1991, Abb. 44)

Für die Landwirtschaft allein ergibt sich ein Betrag von 8,1 Mrd. DM zuzüglich ca. 14 Mrd. DM als Nettozahlung an den EG-Agrarfonds. 38% der Subventionen sind reine Erhaltungssubventionen. In diesen gewaltigen – wohlstandsmindernden – Beträgen sind nicht die Kosten der Umverteilung enthalten.

Es handelt sich um kleine druckvolle Gruppen „erfolgreicher Verteilungskoalitionen“, die die Schwäche der Regierung ausnutzen, um Sondervorteile bei der Verteilung der Güter zu erhalten. Sie können sich dabei auf die Unkenntnis der Bürger über den Umfang der Subventionen und deren Vertrauen auf das Kollektiv stützen, so daß Subventionen regelmäßig wachsen und nicht abgebaut werden.[39]

Dennoch kann es unter bestimmten Bedingungen Situationen geben, bei denen Subventionen wohlstandsmehrend sind. Das Problem liegt aber nicht in der volkswirtschaftlichen Beurteilung, sondern in der gesellschaftlichen Wertung. Hier können folgende Beispiele aufgeführt werden:

- Sozialleistungen sind wohlstandsmehrend, wenn dadurch die Geber in ihrem Leistungswillen nicht behindert und die Nehmer in die Lage versetzt werden, zur Gütererzeugung beizutragen. Ferner können sie eine Wohlstandsminderung verhindern, wenn durch die Sozialleistungen gesellschaftliche Spannungen abgebaut werden, die anderenfalls das Wirtschaften behindern. Sie sind jedoch üblicherweise wohlstandsmindernd, da Güter konsumiert werden, die anderenfalls teilweise zur Kapitalbildung zur Verfügung stünden.
- Brechen ganze Wirtschaftsregionen zusammen, so kann es armutsmindernd sein, wenn diese vorübergehend durch einen Einkommenstransfer gestützt werden (Anpassungssubvention), sofern diese geringer sind als dadurch bedingte notwendige Sozialleistungen. Subventionen werden hier zu einem Ersatz von Sozialleistungen. Regelmäßig sind Anpassungssubventionen weder quantitativ noch zeitlich begrenzt. Durch den politischen Druck, den die Nehmer auszuüben vermögen, wandeln sie sich zu Erhaltungssubventionen, die eindeutig wohlstandsmindernd sind.
- Nimmt der Staat an, daß ein neues Unternehmen oder ein Wirtschaftszweig für die künftige Entwicklung des Landes wohlstandsmehrend ist (Einwanderung der Hugenotten nach Preußen, Flugzeugindustrie in Deutschland), so kann durch Subventionen eine Wohlstandsmehrung der Gesellschaft eintreten. Die Regierung betätigt sich hier als Spekulant und sollte sich deshalb wie ein solcher verhalten und den Umfang der Subventionen festlegen, um das Risiko zu begrenzen. Sozialpolitisch ist eine solche einseitige Begünstigung einzelner Wirtschaftseinheiten nur damit zu begründen,

daß für die Gesellschaft durch die Subvention eine Wohlstandsmehrung eintritt. Ist dies der Fall, so bleibt dennoch eine Bevorzugung der empfangenden Wirtschaftssubjekte. Es ist in einer Marktwirtschaft nicht die Aufgabe der infrage kommenden Unternehmen Investitionsrisiken zu tragen, wenn sie nicht ihren Interessen entsprechen, so daß die öffentliche Hand diese Risiken übernehmen muß.

- Investitionen in das Humankapital sind regelmäßig langfristig wohlstandsfördernd, da die Leistung der Menschen bei besserer Ausbildung steigt. Die Familien sind meist nicht in der Lage, eine die Lehre überschreitende Ausbildung ohne staatliche Unterstützung zu finanzieren. Diese Wohlstandsförderung tritt nicht ein, wenn z. B. der Student nach Abschluß seiner Ausbildung eine Tätigkeit ausübt, die nicht seiner erworbenen Qualifikation entspricht.

- Eine Wohlstandsminderung kann durch die Subventionierung der Infrastruktur eines Landes verhindert werden. Die Zusammenballung der Bevölkerung auf wenige Landesteile kann materiell aufwendiger sein als der Aufbau einer Infrastruktur, die kurzfristig nicht rentabel ist, aber langfristig auch in dünnbesiedelten Gebieten Arbeits- und Wohnmöglichkeiten bietet. Die Gestaltung der Infrastruktur eines Landes zu iniziieren, gehört zu den unverzichtbaren Staatsaufgaben, da das Individuum hierzu nicht in der Lage ist. Eine rational gestaltete Vorgehensweise muß folgende drei Schritte umfassen:

  Unbeeinflußt von Verteilungskoalitionen werden die langfristigen Ziele festgelegt, indem konkurrierende Einflußgrößen, wie z. B. die Wirtschaftlichkeit, Ökologie oder Verbesserung der Lebensqualität der Bürger Berücksichtigung finden.

  Es ist zu entscheiden, wer den Aufwand trägt. Dies kann z. B. die Region sein, der Nutzer aufgrund des Verursachungsprinzips oder es wird der Aufwand aus übergeordneten Gesichtspunkten auf andere Infrastruktureinrichtungen bzw. den Staatshaushalt im allgemeinen umverteilt.

  Der Staat hat zu entscheiden, wer die Maßnahme realisiert. Entweder ist der Staat selbst Betreiber, wobei die Auswirkungen wohlstandmindernd sind (vgl. Abschnitt 5.2.4), oder der Staat überläßt die Finanzierung und Realisierung der Maßnahmen Unternehmen, die Eigentümer werden und sich aus künftigen Erträgen, die sie von den Benutzern erhalten bzw. bereitgestellten staatlichen Mitteln refinanzieren. Zur Infrastruktur sind nicht nur öffentliche Güter wie der Straßenbau oder Telekommunikationseinrichtungen zu zählen, sondern auch meritorische Güter wie z. B. Theater, Museen und Bildungseinrichtungen.[40] Da öffentliche Unternehmen regelmäßig ihre Aufgaben nicht effektiv erfüllen können, sollte sich der Staat auch bei Infrastrukturmaßnahmen weitgehend auf die Planung und Kontrolle der vorstehenden Aufgaben beschränken und auf unternehmerische Tätigkeit verzichten.

Subventionen sind aus der Sicht der Wohlstandsmehrung abzulehnen, sofern sie andere Aufwendungen, z. B. sozialpolitische, übersteigen oder keine Umwegproduktion vorliegt, wie dies bei den meritorischen Gütern der Fall sein kann. Neben den unmittelbaren Subventionszahlungen ist die Fehlleitung der Produktionsfaktoren der zweite gesamtwirtschaftliche Aufwandsfaktor.

Arbeit und Kapital werden in unwirtschaftlicher Weise eingesetzt, sie können nicht an anderer Stelle wohlstandsmehrend wirken. Der mögliche rentable Einsatz der freigesetzten Produktionsfaktoren ist von der gesamtwirtschaftlichen Situation und sozialpolitischen Erwägungen abhängig.

Obwohl Subventionen wohlstandsmindernd sind, steigen sie tendenziell an. Die Ursache liegt im Verhältnis der Bürger zum Kollektiv, in der Macht kleiner wirksamer Verteilungskoalitionen und der Schwäche der Regierungen.

5.2.4 Öffentliche Unternehmen

Eine einheitliche Definition des Begriffes „Öffentliche Unternehmen“ gibt es nicht. Es soll darunter verstanden werden, daß der Betrieb

- im Eigentum der öffentlichen Hand ist,
- saldo- und nicht regelorientiert handelt,
- eine festgelegte Selbständigkeit gegenüber der öffentlichen Verwaltung besitzt und

- durch Gemeinwirtschaftlichkeit als besondere Verpflichtung zur Daseinsfürsorge die Leistungserstellung geprägt ist.

Das Grundgesetz der Bundesrepublik Deutschland weist auch in dieser Frage eine wirtschaftspolitische Neutralität aus. Soviel ist jedoch zu entnehmen: Öffentliche Unternehmen sind statthaft, sie dürfen jedoch nicht so zahlreich sein, daß sie die wirtschaftliche Betätigung der Bürger im Übermaß einschränken, eine Privatisierung ist außer bei den Postdiensten und der Bundesbahn möglich. Aus der Haushaltsordnung des Grundgesetzes, aber auch der Länderverfassungen geht hervor, daß ein öffentliches Interesse vorliegen muß, wie es sich aus dem Sozialstaatprinzip Art. 20 und 28 GG ergibt, und daß allein die Absicht, Gewinne für die Staatskasse zu erzielen, nicht ausreicht, um die Existenz öffentlicher Unternehmen zu begründen.[41] Unter gemeinwirtschaftlichen Zielen kann verstanden werden, daß es sich um Aufgaben handelt, die von privaten Unternehmen nicht oder nicht in ausreichender Quantität und Qualität angeboten werden, wobei die öffentlichen Unternehmen auch darüber hinaus tätig sein dürfen. Für die Erfüllung von gemeinwirtschaftlichen Aufgaben verzichtet die öffentliche Hand auf Gewinn oder Kostendeckung bzw. gestattet Monopolpreise mit verbrauchssteuerlichem Charakter.

Öffentliche Unternehmen sollen Mikroziele und Makroziele verwirklichen. Zu den Mikrozielen gehören:

- Rasche Umsetzung des technischen Fortschritts. Es ist kein Beispiel bekannt, wo dies gelungen wäre. Die öffentlichen Betriebe sind in ihrer Entwicklung, z. B. bei der Datenverarbeitung, regelmäßig den privaten Unternehmen unterlegen.

- Verbesserung der Wettbewerbsstruktur, um Monopolpreise eines privaten Anbieters zu verhindern. Es ist kein Fall bekannt, daß z. B. auf Anregung des Bundeskartellamtes ein öffentliches Unternehmen mit dieser Zielsetzung gegründet wurde. Wohl aber kann das Bundeskartellamt gemäß PostStruktG (§ 37, Abs. 4) eingeschaltet werden, um die Bürger und andere Anbieter vor einem eventuellen Machtmißbrauch der *Deutschen Bundespost Telekom* zu schützen.[42]

- Ferner bestehen verteilungs- und sozialpolitische Zielsetzungen, um den Bürgern Güter zu Preisen anzubieten, die als sozial gerechtfertigt angesehen werden. Wie kommen diese Preise zustande? Es gibt keine Marktpreise und wenn, dann werden sie nicht unterboten. Es besteht aber auch kein zentraler Volkswirtschaftsplan, der die Produktionsfaktoren und Güter nach einem politischen Willen verteilt. Regelmäßig handelt es sich deshalb um ein willkürliches Vorgehen der Monopolbetriebe. Ein bestimmtes Briefporto, das nicht kostendeckend war, wurde aus „sozialpolitischen" Gründen durch die Gebühren bzw. Monopoleinnahmen aus dem Telefonbereich subventioniert. Die wesentlichen Gebühreneinnahmen des Telefonbereiches stammen aber aus Haushalten mit kleinen und mittleren Einkommen, wohingegen die Wirtschaft überwiegend den Briefdienst beansprucht und dadurch von den Haushalten subventioniert wird. Der Postzeitungsdienst wird mit ca. 40 % subventioniert. Er kommt ganz überwiegend den Haushalten mit überdurchschnittlichem Einkommen und der Wirtschaft zugute.

Die *Postbank* verursacht den größten Teil des Schalteraufwandes im Postamt. Aufgrund der Quersubventionen ist die Abrechnung zwischen dem Monopolbetrieb *Postdienst* und der *Postbank*, die weitgehend unter Wettbewerbsbedingungen arbeitet, zumindest undurchsichtig.

Gibt es keine Marktpreise, so kann auch nicht festgestellt werden, inwieweit sozialpolitische Ziele erreicht werden. Will die öffentliche Hand, daß ein bestimmtes Gut zu einem niedrigeren als dem Marktpreis zur Verfügung gestellt wird, so kann es diese Preise auch direkt subventionieren, indem sie z. B. zu jedem Schülerfahrschein einen Zuschuß leistet.

- Einnahmeüberschüsse spielen heute nur noch bei der Deutschen Bundespost eine Rolle. Sie entstehen aus den Monopolpreisen für die Benutzung des Netzes der Telekom, die sich um die Verluste fast aller anderen Dienste der Postunternehmen vermindern.

Neben den Mikrozielen bestehen Makroziele für öffentliche Unternehmen. Sie können noch weniger als die Mikroziele realisiert werden:

- Ein Fall für eine Stabilisierung des Preisniveaus ist nicht bekannt.
- Eine antizyklische Investitionspolitik ist nicht möglich, wenn von den öffentlichen Betrieben Eigenwirtschaftlichkeit verlangt wird, was auch die Ausnutzung betriebswirtschaftlicher Rationalisierungsmöglichkeiten einschließt.

- Zur Unterstützung der Beschäftigungspolitik der öffentlichen Hand müßten öffentliche Unternehmen in Zeiten eines angespannten Arbeitsmarktes auf Neueinstellungen verzichten und bei Arbeitslosigkeit auf Rationalisierungsmaßnahmen. Dann könnten sie allerdings alle anderen Ziele noch weniger erfüllen.

- Öffentliche Unternehmen haben die Grundsätze der Politik der Bundesrepublik Deutschland, insbesondere der Verkehrs-, Wirtschafts-, Finanz- und Sozialpolitik zu unterstützen. Wie soll das geschehen? Die Bundesrepublik bevorzugt in ihrer Verkehrspolitik die Schiene vor der Straße. Sollen die Postdienste aufhören, ihren Transport weiter von der Schiene auf die Straße zu verlagern, wozu sie aus betriebswirtschaftlichen Gründen gezwungen sind? Soll die Telekom die Wirtschaftspolitik des Landes unterstützen, indem sie teure Telefonapparate aus dem Inland bezieht, oder unterstützt sie die Wirtschaftspolitik, wenn sie die Apparate importiert? In welcher konjunkturellen Lage soll sie sich wie verhalten? Diese Globalforderungen sind unerfüllbar.

Neben den genannten Mikro- und Makrozielen steht die Forderung nach Eigenwirtschaftlichkeit. Die öffentlichen Unternehmen haben ihre Anlagen in gutem Zustand zu erhalten und entsprechend den Anforderungen zu vervollkommnen. Wer definiert die Anforderungen? Der Markt kann es bei einem Monopolbetrieb nicht, der Eigner wird durch Politiker vertreten, die sich vor ihrer Klientel zu verantworten haben. Es bleibt demnach nur das öffentliche Unternehmen übrig, welches über sich selbst entscheidet.

Öffentliche Unternehmen sind Zielkonflikten ausgesetzt, die kein Unternehmen bewältigen kann. Es wird darauf verwiesen, daß die Leistungen der öffentlichen Unternehmen nicht nur quantitativer sondern auch qualitativer Natur seien, es also einer gesellschaftlichen Rechnungslegung bedürfe. Diese Daten sind kaum zu ermitteln. Ist die Einhaltung des Briefgeheimnisses gesicherter, wenn der Zusteller ein Beamter der Postdienste oder ein Angestellter eines privaten Unternehmens ist?

Der Infrastrukturauftrag, den der Staat zu erfüllen hat, braucht nicht durch öffentliche Unternehmen zu geschehen. Es ist denkbar, daß nur derjenige private Anbieter eines Paketdienstes eine Zulassung erhält, der sich – gegebenenfalls in Zusammenarbeit mit anderen privaten Anbietern – einem Kontrahierungszwang unterwirft, um auch eine unrentable Zustellung in gewünschter Dienstgüte zu erfüllen.

Am Beispiel der Bundesbahn zeigt sich die Möglichkeit des Staates, seinem Infrastrukturauftrag auf ökonomische Weise nachzukommen.

Der Bahn werden drei Aufgaben gestellt:

- Eigenwirtschaftlichkeit,
- „gemeinwirtschaftliche" Bedienung der Fläche und
- umweltfreundliche Verkehrsleistung.

Ausgangspunkt ist, daß sich die Defizite der Bahn erhöhen, die „gemeinwirtschaftliche" Bedienung der Fläche verringert und damit die umweltfreundliche Verkehrsleistung abnimmt.

Die Staatsaufgabe wäre es (Deregulierungskommission 1989), lediglich ein angemessenes Schienennetz in Form einer Netzgesellschaft zu unterhalten, die vom Bundeskartellamt kontrolliert wird, um Diskriminierungen gegenüber privaten Benutzern zu vermeiden. Jedes Unternehmen sollte freien Zugang zum Bahnnetz haben, der staatseigene Bahnbetrieb wäre nur einer von mehreren Anbietern. „Gemeinwirtschaftliche" Verpflichtungen würden entfallen. Jedes Verkehrsmittel (PKW, Bahn, Bus) würde nach seiner Emissionsintensität (Verursacherprinzip) belastet. Erste Ansätze gibt es in der Emissionssteuer, die aber in ihrer Höhe nicht ausreichend ist. Die Belastung der Bahn wäre demnach unterschiedlich, ob eine Strecke elektrifiziert ist oder nicht. Andererseits wäre die Gebühr für die nichtelektrifizierten Strecken durch den geringeren Investitionsbedarf kleiner. Wünscht der Staat eine Bedienung unrentabler Strekken, so ist eine Subventionierung des leistungsfähigsten Verkehrsträgers (Bus, Bahn) möglich.[43]

Alle drei Ziele könnten erreicht werden, wenn der Staat die Kraft hat, Verteilungskoalitionen erfolgreich zu bekämpfen, wie dies bei den japanischen Eisenbahnen gelang. Die privatisierten japanischen Eisenbahnen gewannen – statt hoher Defizite – Rentabilität, erweiterten ihr Streckennetz und erhöhten ihren Anteil bei dem Personen- und Gütertransport. Die Pro-Kopf-Leistung hat sich mehr als verdoppelt.

Ähnlich ist die Situation bei den Postdiensten. Auch hier zeigt sich, daß es ein „natürliches Monopol" nur sehr bedingt gibt.[44]

Entfällt aufgrund der Pläne der EG-Kommission das Zustellungsmonopol, so wäre weniger Raum für Quersubventionen gegeben, es würde in geringerem Maß zu verzerrten Preisrelationen kommen, die ihrerseits Fehlinvestitionen nach sich ziehen. Der Telekommunikationsbereich wurde belastet und die Postdienste von Anpassungs- und Konkurrenzdruck befreit. Es können durch die Einführung eines Pflichtenheftes die gleichen Wettbewerbsvoraussetzungen für konkurrierende staatliche und private Anbieter geschaffen werden. Dies bedeutet nicht, daß der Aufbau des ISDN eine private Aufgabe sein muß. Auch der Aufbau des Autobahnnetzes geschieht sinnvollerweise unter staatlicher Regie. Ein darüber hinausgehendes staatliches Engagement in Form öffentlicher Unternehmen ist in hohem Maße wohlstandsmindernd.

5.2.5 Entwicklungshilfe

Grundbeziehungen zwischen Geber- und Nehmerländern

Entwicklungshilfe soll alle Formen der Güterleistung von einer Volkswirtschaft zu einer anderen beinhalten, sofern damit die Absicht verbunden ist, daß eine Wohlstandsmehrung im Nehmerland eintritt. Damit ist nichts über die Wohlstandsveränderung im Geberland gesagt. Gewährt eine private Bank eines wohlhabenden Landes einem armen Land einen Kredit zu marktüblichen Bedingungen, und kann das arme Land diesen Kredit nicht zurückzahlen, so liegt keine Entwicklungshilfe vor, denn die Bank hat sich, wenn das arme Land zahlungsunfähig wird, lediglich in der Bonität ihres Geschäftspartners geirrt.

Entwicklungshilfe kann aus verschiedenen Motiven gewährt werden, die sich gegenseitig nicht ausschließen. Die Auswirkungen auf das Geberland sind je nach Zielrichtung unterschiedlich, wobei mehrere Ziele kombiniert erreicht werden können:

- Das Geberland möchte die Armut im Nehmerland lindern. Die Folge ist, daß der Wohlstand im Geberland sinkt und im Nehmerland zunächst steigt. Der künftige Wohlstand im Nehmerland braucht davon nicht berührt zu sein; er kann steigen, aber auch sinken.
- Das Geberland verfolgt politische Zielsetzungen. Hier erfolgt eine Wohlstandsminderung im Geberland, wobei es andere, immaterielle Güter dafür erhält. Im Nehmerland erfolgt – zumindest kurz-

fristig – eine Wohlstandsmehrung, und es kann nichts darüber ausgesagt werden, ob das Nehmerland andere materielle oder immaterielle Nachteile dadurch erleidet.

- Das Geberland möchte, daß das Nehmerland wohlhabender wird, um mit ihm in Handelsbeziehungen treten zu können. Jeder Außenhandel, der auf Basis von Marktpreisen abgewickelt wird, bedeutet, daß beide Partner mehr erhalten, als wenn sie ihre Produktionsfaktoren Arbeit und Kapital zur Erzeugung des ausgetauschten Gutes einsetzen.

  Der Wohlstand eines Partnerlandes trägt insbesondere bei freiem Außenhandel durch die Spezialisierung in der Gütererzeugung immer zum eigenen Wohlstand bei. Im Geberland tritt kurzfristig eine Wohlstandsminderung ein, die langfristig zu einer Wohlstandsmehrung führen soll. Im Nehmerland tritt kurz- und langfristig eine Wohlstandsmehrung ein.

- Die Nehmerländer können Güter erhalten, die diese wohlhabender machen und durch die gleichzeitig eine Wohlstandsminderung in den Geberländern vermieden wird. Beispiele hierfür sind die Umweltbelastung mit CO_2 und anderen Giften, der rasche Abbau der Ölvorräte oder die Zerstörung der natürlichen Ressourcen der Erde durch das Abholzen von Wäldern. Auch wenn bei allen Umweltuntersuchungen und Einschätzungen über die Rohstoffressourcen der Erde keine eindeutigen Angaben gemacht werden können, so besteht doch kein Zweifel, daß in wenigen Generationen ein Leben auf der Erde in der bisherigen Form nicht mehr möglich ist.[45]

Da die meisten armen Länder in warmen Regionen liegen, wäre folgendes Austauschverfahren denkbar: Die OECD-Länder errichten in den Entwicklungsländern kostenlos Sonnenenergieanlagen. Es werden dadurch nicht nur neue Probleme vermieden, wie z. B. die durch Wassermangel bedingte Landflucht, sondern es beginnt sich bereits eine ökonomische Rentabilität abzuzeichnen. Ein kW kostet in sonnenreichen Gebieten ohne Zinsbelastung der Investition und ohne Speicherung ca. 55 Pf., der break-even-point gegenüber einem Dieselgenerator beträgt nur noch drei Jahre.[46]

Millionen sehr teurer Petroleumlampen mit ihren hohen ökologischen Belastungen wären vermeidbar. Ein weiterer technischer Fortschritt verlangt, daß schon heute Investitionen in den Bau von

Solarenergieanlagen vorgenommen werden, da anderenfalls kein ökonomisches Interesse der Entwickler geweckt werden kann. In günstigsten Regionen – also sonnenreichen Ländern – sollte begonnen werden.

Der Vorteil für die Nehmerländer wäre eine Entlastung von Luft und Klima, eine Schonung des Waldes, der teilweise Wegfall von Ölimporten und die Verminderung von Fehlleitungen der Hilfsgüter in den Nehmerländern in sozialer, ökologischer, kultureller und wirtschaftlicher Hinsicht.[47]

Es wurde gezeigt, daß es zu den elementaren Staatsaufgaben gehört, die Existenz der Gemeinschaft zu erhalten. In Anbetracht der Verflechtung der Nationen und ihren damit gemeinsamen Aufgaben scheint eine gemeinschaftliche Aktion dieser Art sinnvoll. Die Umweltschonung ist eine neue Staatsaufgabe, da das Individuum überfordert ist, sie ohne staatliche Gesetze, materielle Anreize oder Umverteilungsmaßnahmen zu bewältigen. Ökonomisch handelt es sich bei der Umweltschonung um ein neues Gut, welches vor wenigen Jahrzehnten noch nicht vorhanden war, da es keinen Preis hatte. Es gibt eine große Anzahl nicht genutzter Techniken, um dieses Gut teilweise zu erzeugen. Sie werden bisher nicht eingesetzt. Es kann nicht bewiesen werden, daß der Erfindungsgeist der Menschen ausreicht, für alle belastenden oder nicht regenerierbaren Stoffe Substitute zu schaffen. Dies entbindet die Menschheit aber nicht, die vorhandenen technischen und wirtschaftlichen Möglichkeiten zu nutzen, um das vorhandene Existenzproblem zu mildern und intensiv an der Weiterentwicklung von Ersatzstoffen zu arbeiten. Eine größere Wohlstandsmehrung, als die Existenz der Menschen zu erhalten, kann es nicht geben.

Entwicklungsleistungen sind grundsätzlich kein einseitiger Güterfluß, der die leistungsstarken Länder ärmer und die leistungsschwachen Länder reicher macht. Es ist ein Austauschverhältnis, aus dem beide Seiten Vorteile erzielen. Voraussetzung ist allerdings, daß sich die Zusammenarbeit nach den rationalen Gesetzen des Marktes unter Berücksichtigung gleichwertiger kultureller Gegebenheiten der Länder vollzieht.

Rationale Entwicklungspolitik

Nach dem, was bisher erkannt wurde, ist es nicht möglich, daß von „den Entwicklungsländern" gesprochen wird. Viele alte Kulturen sind wohlhabend geworden und z. T. sehr ernsthafte Konkurrenten im Wettbewerb mit den schon länger leistungsstarken Volkswirtschaften. Was hat Südkorea mit der Sahelzone gemeinsam? Aber auch die afrikanischen Staaten südlich des Äquators sind äußerst heterogen.

Bevor einer Nation geholfen werden kann, müssen die Geber- oder Nehmernationen wissen, welcher Unterstützung es bedarf. Dazu ist die verinnerlichte Kenntnis der Geschichte der Kulturgemeinschaften, ihrer geistigen, religiösen und wirtschaftlichen Tradition nötig. Die erste sichere Erkenntnis ist damit, daß zur wirtschaftlichen Entwicklung keine Techniken und Verhaltensweisen auf andere Kulturen durch wirtschaftlichen oder politischen Zwang erfolgreich übertragen werden können, es muß im Entwicklungsland eine Bereitschaft und Fähigkeit bestehen, sie der eigenen Kultur anzupassen.

Die zweite Kenntnis ist, daß die Probleme nicht auf den Kapitalmangel zu reduzieren sind. Er ist zwar gegeben, aber es ist auch bekannt, daß der Kapitalexport von Entwicklungsländern erheblich ist. Die Qualität des Einsatzes der Kapitalgüter scheint wichtiger zu sein als die Quantität, da nach Ansicht der Weltbank nach drei Jahren nur noch 50 % der realisierten Projekte bestehen. Keine Volkswirtschaft der Welt kann sich eine Kapitalvernichtung in diesem Umfang leisten. Unter entsprechenden Rahmenbedingungen steht regelmäßig ausreichendes z. B. afrikanisches Kapital *(African Business Roundtable)* für Erweiterungsinvestitionen zur Verfügung. In Togo wurden an zwei Tagen für ein privatisiertes Stahlwerk 1,8 Mio US$ von Kleinanlegern aufgebracht, nur weil die Anonymität der Investoren gesichert war. Polen erzielte in drei Monaten den Rückfluß von 5 Mrd. US$ Fluchtgelder, nachdem den Wirtschaftssubjekten die Sicherheit ihrer Ersparnisse gesichert erschien. Die Weltbank schätzt, daß mehr als 20 % der Exporte Kolumbiens als unversteuerter Gewinn Anlage im Ausland findet.

Die Probleme können auch nicht allein mit externen Einflußgrößen begründet werden, da jede Volkswirtschaft unter schwankenden Dollarkursen leidet, und schwankende Weltmarkpreise von einigen Entwicklungsländern durch den Terminmarkt stark geglättet werden. Generell steigt das Preisniveau für Rohstoffe über mehrere Perioden gesehen wie das anderer Güter, und wird durch Angebot und Nachfrage bestimmt. Welche Theorien gibt es noch, die Entwicklungsländer von den Bedingungen des freien Marktes auszuschließen? Die Theorie des Demonstrationseffektes, daß in Entwicklungsländern zu wenig gespart werde,[48] da die Bürger ihr Konsumverhalten den entwickelten Ländern anpassen wollen, war schnell überholt, und es folgte der Zwei-Lücken-Ansatz. Danach besteht ein festes Verhältnis zwischen Kapital und Arbeit und somit in Entwicklungsländern ein natürlicher Kapitalmangel. Es ist oben gezeigt, daß der Kapitalmangel überwiegend durch mangelhafte Rahmenbedingungen, z. B. hohe Inflationsraten, gegeben ist und die Wechselkursrelationen über das Ungleichgewicht von Ein- und Ausfuhr entscheiden, welches die zweite „natürliche Lücke" sei.

Die Praxis demonstriert, daß das kommunistische Modell und der autochthonische Sozialismus versagt haben, daß das Dorfsanierungsprogramm immer mehr an Bedeutung verliert und die Dependenztheorie insbesondere durch Lateinamerika widerlegt ist.[49]

Es wurde bei der Betrachtung über die Grundlagen zur Leistungserstellung zunächst ausgeklammert, ob nationale oder rassische Merkmale eine wesentliche Rolle spielen (vgl. Abschnitt 4.1). Es gibt keinen Beweis, daß die Urteile über diese Frage nicht Vorurteile sind.

Behauptet wird:

Von bestimmten Rassen und Nationen wird gesagt, daß sie unter Marktbedingungen nicht arbeiten können, sie hätten kein Profitstreben, könnten keine rationalen Verbrauchsentscheidungen treffen, nicht beständig arbeiten, hätten keine Disziplin und seien nicht verläßlich. An all dem seien das Klima, die Religion oder die Kultur schuld.

Beobachtet wird: Diese Kritik gilt Menschen,

- die keine Reisefreiheit im Lande haben,
- die nicht für ihren eigenen Vorteil arbeiten dürfen,
- deren Ertrag hoch besteuert wird,
- die durch machtvolle Verwaltungen bei ihrer Arbeit behindert werden,
- deren Länder keine ausreichende Infrastruktur besitzen, um produktiv zu arbeiten,
- die keine Möglichkeit zur Schulbildung besitzen.

Bezogen auf Nationen läßt sich beobachten:

- daß Deutsche im 17. Jahrhundert als faul und träge galten, da sie arm waren,
- daß von 1945–1948 in Deutschland nicht viel gearbeitet wurde,
- daß – besonders vom Ausland – die geringen Wachstumsraten der Bundesrepublik Deutschland in den siebziger Jahren auf einen langfristigen Wertewandel und nicht auf veränderte Rahmenbedingungen zurückgeführt wurden,
- daß die Bewohner der ehemaligen DDR das gleiche Klima haben, die gleiche Tradition teilen und der gleichen Rasse angehören wie die Bewohner der alten Bundesländer,
- daß die Rot-Chinesen ein Pro-Kopf-Einkommen von ca. 500 US$ haben, die Chinesen aus Taiwan das zehnfache und die Chinesen aus Honkong das fünfzehnfache,
- daß die Franzosen, bis sie unter *de Gaulle* einen neuen gesetzlichen Rahmen erhielten, als arbeitsunfähig und dekadent galten,
- daß die Briten über 2000 Streiks hatten, als sie über 80 % Lohnsteuern zahlten und aus der Sicht von Marktbedingungen eine unbrauchbare Gewerkschaftsgesetzgebung hatten,
- daß es nicht möglich schien, Chile auf den wirtschaftlichen Stand von Argentinien zu bringen,
- daß in vielen Ländern Schwarzafrikas plötzlich Unternehmer auftauchen, die z. B. als Werksvertreter von Automobilunternehmen sich in ihrem Verhalten von amerikanischen nicht stärker unterscheiden als diese von ihren deutschen Kollegen.

Dabei ist von Interesse, daß die Rahmenbedingungen, die 1949 in der Bundesrepublik Deutschland, während der Regierung *Thatcher* in England oder unter *Pinochet* in Chile die Arbeit materiell belohnten, die Investitionsfreudigkeit belebten und zum Sparen anregten, bei ihrer Einführung von den Bürgern keineswegs generell begrüßt wurden.

Es kann davon ausgegangen werden, daß menschliches Verhalten sehr ähnlich ist, wenn vergleichbare Rahmenbedingungen vorliegen. Diese Aussage soll gelten, bis ein empirischer Nachweis des Gegenteils erbracht ist.

Es wird gegen einen freien Markt in Entwicklungsländern eingewandt, daß der Unternehmer als Schlüsselfigur im Sinne von

Schumpeter nicht existiere, sondern bestenfalls ein Basarkapitalismus. Wie kann ein Unternehmer langfristig investieren, wenn ein fehlender Rechtsstaat, eine nicht funktionierende Verwaltung und fehlende staatliche Stabilität mit häufig wechselnder Wirtschaftspolitik verbunden sind? Hohe Inflationsraten und überhöhte Wechselkurse machen langfristige Investitionen unmöglich.

Wichtig für die Entwicklung eines Landes ist, daß eine gut funktionierende Verwaltung und Rechtsordnung aufgebaut werden. Diese rationalste Form der Herrschaftsausübung[50] mit ihrer geistigen Basis ist unverzichtbar für erfolgreiches wirtschaftliches Handeln. Dies kann aber von den Geberländern nur begleitend geschehen, denn es ist ein geistiger Wandel im Denken (z. B. Reduzierung der Korruption) nötig, für den Europa fünf Jahrhunderte benötigte.

Die „Hilfe zur Selbsthilfe", die so eingängig klingt, hat alle Nachteile, die in entwickelten Ländern die Subventionspolitik kennzeichnet. Dazu gehört insbesondere die Subventionsmentalität.

Dennoch sind die Klagen über die Geberländer berechtigt. Es wird für entwickelte Länder der freie Außenhandel gefordert. Aber diese Hilfe wird den Entwicklungsländern weitgehend vorenthalten.

Der Wandel im Denken über eine rationale Entwicklungspolitik wird an dem Weltentwicklungsbericht der *Weltbank* von 1987 sichtbar, da dieser auf *John Stuart Mill* (1848) verweist, der in seinen *„Principles of Political Economy"* darlegt, daß neben den statischen Vorteilen die dynamischen von besonderer Bedeutung sind. Unter den letzteren versteht er den Zwang, sich mit „Personen, die anders sind als sie selbst" auseinandersetzen zu müssen, sie verändern die Denkweise, so daß der freie Außenhandel bei Entwicklungsländern die größten Früchte trägt.[51] Mit dieser Ansicht steht er nicht allein, die Macht des Freihandels, gerade für weniger entwickelte Länder, wird auch im Kommunistischen Manifest eindrucksvoll dargelegt. In den Geberländern werden unter Verbrauch von Erdöl in Gewächshäusern schlecht schmeckende, teure Tomaten angebaut. Die Tomaten aus Rumänien, die die Sonne zweimal im Jahr reifen läßt, dürfen aber nicht eingeführt werden. Stahl aus Togo wird mit Importzöllen belegt.

Amerikanische Einfuhrbeschränkungen halten den Zuckerpreis auf mehr als dem fünffachen des Weltmarktpreises, die EG verkauft Zucker zu Dumpingpreisen auf dem Weltmarkt, die weit unter den niedrigsten Erzeugerpreisen der Welt liegen, obwohl ihre Herstellungskosten die höchsten der Welt sind.

Es ist sicher kein Zufall, wenn Mauritius der zweitgrößte Pulloverhersteller der Welt ist und die 600 Textilunternehmer zum größten Devisenbringer des Landes wurden. Es herrscht Vollbeschäftigung im Lande, und die Unternehmer müssen nach Madagaskar ausweichen, um ihren Bedarf an Arbeitskräften zu decken. Mauritius hat die ältesten Freihandelsgesetze, bemüht sich um rationale und beständige Rahmenbedingungen und zog dadurch mehr Unternehmer und afrikanisches Kapital an als Staaten, die sich vorwiegend um Entwicklungshilfe bemühen. In Lateinamerika hat Chile mit seiner marktwirtschaftlichen Ordnung große Erfolge. 50% der Verwaltungsbeamten wurden entlassen, die Zölle auf 15% gesenkt, Auslandskapital durch Rechtsstaatlichkeit auf ökonomischem Gebiet, freien Handel, Ertragssteuersätze von 10–15% und eine floatende Währung angelockt. Statt 208 gibt es über 4000 Exportfirmen, die Produkte erlangten Weltmarktniveau, die Kupferproduktion verdoppelte sich und der Exportanteil sank von 91 auf 54%. 1,2 Mio. Arbeitsplätze wurden neu geschaffen, so daß die Arbeitslosenrate von 15% über 20% auf unter 5% sank und 30.000 statt 700.000 Menschen in den Elendvierteln leben.

Dank der um ein Drittel gesunkenen Staatsschulden spart der Staat 800 Mio. US$ im Jahr; statt großer Lebensmittelimporte wurde dieser Wirtschaftszweig eine wesentliche Exportbranche. Ein Mentalitätswandel hat sich vollzogen.

Das Beispiel zeigt, daß autoritäre Militärregime in der Lage sind, eine liberale Wirtschaftspolitik zu betreiben, womit sie sich offensichtlich automatisch selbst vernichten. Freiheit ist langfristig unteilbar. Auch in afrikanischen Ländern wie Mauretanien, Kamerun, Gabun und vor allem Togo, arbeiten Staatsbetriebe, die mit ihren hohen Verlusten den Staatshaushalt erheblich belasten, nach ihrer Privatisierung – der Preis ist meist eine Anerkennungsgebühr, zumal der Staat die Schulden der Unternehmen übernehmen muß – sehr erfolgreich.

Wenn Entwicklungshilfe erfolgreich sein soll, so darf sie sich nicht gegen die Kultur des Landes richten. Sie kann helfen, daß bewährte amerikanische und europäische Rahmenbedingungen freiwillig übernommen werden, sie kann den Wunsch nach Schulung – von den Kulturtechniken bis zur Managementlehre – unterstützen, und sie muß sehr individuell vorgehen. Eine rationale Entwicklungshilfe verbietet, durch Einfuhrbarrieren und subventionierte Exporte den Entwicklungsländern das Recht auf Arbeit zu nehmen. Somit ist die marktwirtschaftliche Ordnung der beste Weg, um den Wohlstand zu mehren, da sie das individuellste aller Wirtschaftssysteme ist.

Eine positive ökonomische Gestaltung der Entwicklungsländer bedeutet mehrfache Vorteile für die unterstützenden Länder. Je reicher die Entwicklungsländer werden, desto profitabler sind sie für die entwickelten Länder, da sie als Absatzpartner ein höheres Gewicht erhalten und die Spezialisierung zum Vorteil beider Ländergruppen fortschreiten kann. Ökologische Probleme – die sich bei der zu erwartenden Bevölkerungsentwicklung in Entwicklungsländern verschärfen werden – können gemeinsam gelöst werden.

Aber auch der geistige Austausch kann für beide Ländergruppen vorteilhaft sein; so hat z. B. Japan, als es noch zu den armen Ländern gehörte – aufgrund privater amerikanischer Anregungen – den Gedanken des *Quality Circles* aufgenommen und weiterentwickelt. In diesem Zustand übernahm ihn wiederum Europa und Amerika, transformierte ihn auf die eigene Unternehmenskultur und zog erheblichen betriebswirtschaftlichen Nutzen daraus. Ähnliches gilt für die just-in-time oder just-in-Taktfertigung.

Auch für ein Entwicklungsland gilt, daß der Wohlstand abhängig ist von der Leistung seiner Menschen, den ökonomischen Rahmenbedingungen und davon abgeleitet vom Vorhandensein von Kapital. Unverzichtbar für die Wohlstandsmehrung – nicht nur in Entwicklungsländern – ist:

- die Allgemeingültigkeit von Normen und Werten,
- eine evolutionäre Sichtweise für die Veränderungen der Umwelt,
- ein Menschenbild, welches die Freiheit und Eigenverantwortung betont,

so daß die Unternehmen im besonderen und die Gesellschaft im allgemeinen nach einer ständig höheren Effizienz bei der Kombination der Produktionsfaktoren streben.

In der Konsequenz führt das zu einer marktwirtschaftlichen Ordnung, die je nach der Kultur des Landes eine spezifische Ausgestaltung hat.

5.3 Staatseinnahmen

5.3.1 Steuern

Der Umfang der Staatseinnahmen ist weitgehend davon abhängig, inwieweit die Bürger die zu erfüllenden Aufgaben in eigener Verantwortung durchführen bzw. inwieweit sie von der Gemeinschaft erbracht werden. Die Gebühren erscheinen in der Regel als Finanzierungsquelle ungeeignet, da bereits die Erhebung den größten Teil aufzehrt.

Der Staat ist nur bedingt frei, in welcher Höhe und welche Art von Steuern er einnimmt:

Die Verbrauchssteuern sind vom Bürger nur in geringem Maße zu umgehen. Abgesehen von illegalem Import verbleibt dem Bürger als Ausweg nur der Konsum von minderwertigen Gütern oder der Konsumverzicht. Bei Verbrauchssteuern ist zu beachten, daß es sich um eine unsoziale Steuer handelt, die Ähnlichkeiten mit der Kopf- oder der Salzsteuer hat. Es ist auch eine sozialpolitische Entscheidung, inwieweit eine proportionale Umverteilung vom Bürger zum Staat erfolgen soll.[52]

Anders ist es mit der Einkommensteuer.

Empfindet der Bürger seine Belastung als zu hoch, so wird er seine Leistungsbereitschaft einschränken. Dabei sind für ihn Steuer, Arbeitslosenversicherung, Krankenversicherung und Altersversorgung häufig gleichermaßen „Abzüge". Er stellt sein Bruttoeinkommen dem ausgezahlten Betrag gegenüber. Übersteigt die Gesamtheit der Abzüge seine Abgabebereitschaft, so wird er seine Leistungsabgabe einschränken[53] und entweder seinem Bedürfnis nach Freizeit nachkommen – was sich wohlstandsmindernd auswirkt – oder er weicht in die Sekundärwirtschaft aus. Der Vorteil der Sekundärwirtschaft ist, daß das Verhältnis von produzierten Gütern zum Einsatz der Produktionsfaktoren regelmäßig günstiger ist als bei einer Durchführung der Aufgaben durch Unternehmen, da die Verwaltungsaufwendungen in der Sekundärwirtschaft gegen Null gehen.

Die Nachteile der Sekundärwirtschaft sind, daß sie sich staatlichem Einfluß und Kontrolle entzieht. Die Abgabenausfälle muß der Staat durch andere Einnahmenerhöhungen ausgleichen, so daß andere Abgabenlasten steigen. Auch ist die Gleichbehandlung und damit die Rechtsstaatlichkeit eingeschränkt, da die Bürger sich aufgrund der verschiedenen Berufsfelder nur in unterschiedlichem Maße an der Sekundärwirtschaft beteiligen können. Die Vorteile der Sekundärwirtschaft lassen sich weitgehend von kleinen Unternehmen erschließen, insbesondere wenn deren Verwaltungsaufwand durch staatliche Maßnahmen nicht übermäßig erhöht wird.

Es kann festgehalten werden, daß die Abzüge des Arbeitnehmers und die Beteiligung der Unternehmen an den Sozialleistungen für die Arbeitnehmer, die Bruttolohnbestandteil sind, von einer bestimmten Höhe an zu einer sinkenden Bereitschaft der Arbeitnehmer führt, Leistungen zu erbringen.[54]

Beträgt der Bruttolohn ohne Berücksichtigung der Nebenkosten in den Unternehmen DM 100,–, so verbleiben dem Arbeitnehmer ca. DM 28,– vor Verbrauchssteuern.[55] Es scheint, daß die Obergrenze der Belastbarkeit erreicht ist, um eine Verringerung der Leistungsbereitschaft bzw. eine Abwanderung in die Sekundärwirtschaft zu vermeiden, zumal der Nicht-Berufstätige die meisten Versicherungsleistungen auch über die Sozialhilfe erhält.

Noch unfreier ist der Staat, wenn die Unternehmenssteuern betrachtet werden. Ein Unternehmen strebt nicht in erster Linie eine langfristige Gewinnmaximierung an, sondern hat Ziele wie wirtschaftliches Überleben, eine bestimmte Stellung auf dem Weltmarkt oder Sicherheit für freie Betätigung. Ein Mittel, um diese Ziele zu erreichen, ist der langfristige Gewinn nach Steuern. Die Unternehmen werden sich, soweit sie aufgrund ihrer Aufgabe dazu in der Lage sind, nach Standorten umsehen, die ihnen bestmögliche Voraussetzungen bieten, um ihr Unternehmensziel zu erreichen.[56] Diese Standorte sind in vielen Fällen nicht an einen bestimmten Staat gebunden. Steigen die Auslandsinvestitionen, so sinkt die Kapitalausstattung in der heimischen Wirtschaft, was sich wohlstandsmindernd auswirkt. Zwar gilt bei der Besteuerung das Prinzip der Welteinkünfte; dieses wird aber, beginnend bei deutschen Gemeinden und endend im Wettbewerb der Nationen, regelmäßig umgangen. Wird ein Grundstück stark subventioniert verkauft oder die Lohnsumme teilweise für einige Jahre als Subvention gezahlt, so werden zwar im Rahmen des Doppelbesteuerungsabkommens die Steuern entrichtet und sind bei der Ermittlung der Steuerlast zu berücksichtigen, gleichzeitig steigt aber nicht nur das Auslandsvermögen, sondern auch das nominale Kapital des Unternehmens. Die Länder liegen im Wettbewerb untereinander, um den Unternehmen aus steuerlicher Sicht möglichst günstige Standorte zu bieten. Sie sind damit nicht frei bei der Festlegung der Unternehmenssteuer, um eine langfristige Abwanderung der Wirtschaftssubjekte in ein anderes Land ganz oder teilweise zu verhindern. Da ein Unternehmen sein Human- und Sachkapital nicht verlagern kann, wird es ausländische Standorte regelmäßig nur im Rahmen von Neu- oder Ersatzinvestitionen aufbauen.

Unabhängig von diesen Wettbewerbskomponenten darf ein bestimmter Prozentsatz vom Einkommen nicht überschritten werden, da sonst Unternehmen und Private ihre Tätigkeit einschränken. Nominal wird die Belastungsgrenze häufig überschritten, da es optisch sehr sozial erscheint, wenn Großverdiener eine hohe Steuerlast zu tragen haben. Aus den genannten Gründen werden dann viele Ausnahmeregelungen eingeführt, die eine den Unternehmen erträglich erscheinende Steuerlast erzeugt. Dadurch wird das Steuerrecht unübersichtlich: Industriebetriebe haben regelmäßig durch ihr relativ höheres Anlagevermögen größere Steuervorteile als Handelsbetriebe. Es ist bei optisch zu hohen Einkommenssteuersätzen für die Wirtschaftssubjekte notwendig, ihre Erträge so einzusetzen, daß sie ihre Steuerlast senken können. Dies führt zu Kapitalfehlleistungen, da das Kapital nicht seinen höchsten Wirkungsgrad erzielt und damit zu einer relativen Armut. Der Wettlauf um das Kapital zwischen den Nationen, verbunden mit relativ niedrigen Spitzensteuersätzen, ist wohlstandsmehrend, denn Einkünfte werden mit zunehmender Höhe gespart bzw. zu Investitionszwecken verwendet.

Somit steigt mit sinkender Einkommenssteuerlast die Ausstattung mit Kapital und der Wohlstand nimmt zu. Die Einkommensdifferenzen in einer Gesellschaft müßten sich demnach vergrößern. Da aber auch die Kapitalausstattung der Arbeit zunimmt, steigt deren Produktivität und damit das Einkommen derjenigen, die nicht sparen. Demnach steigen bei sinkender Einkommensteuer die realen Einkommen bei den Arbeitnehmern, und die Vermögensdifferenzen werden gleichzeitig größer, trotz sich verringernder Einkommensdifferenzen. Dieser Sachverhalt entspricht der Entwicklung in vielen Nationen während der letzten Jahrzehnte.

5.3.2 Staatsverschuldung

Grundsätzlich besteht in Demokratien ein Druck der Gesellschaftsgruppen auf die Regierungen, an wirtschaftliche Vorteile zu gelangen.[57] Diesem Druck geben die Regierungen nicht nur im Rahmen der vorhandenen Steuereinnahmen nach, sondern auch durch eine regelmäßig wachsende Staatsverschuldung. Die Ansichten über die Staatsverschuldung, ihre moralische und ökonomische Begründung sind sehr kontrovers. Grundsätzlich gilt: Für konsumtive und investive Zwecke verbraucht der Staat mehr als er einnimmt. Es wird regelmäßig zwischen Kreditfinanzierung für laufende Staatsausgaben und für Investitionen unterschieden. Diese Zweiteilung erscheint nicht befriedigend, denn die meisten Staatsausgaben sind für konsumtive Zwecke bestimmt. Ein öffentliches Schwimmbad wird von den Verbrauchern so wenig nachgefragt, der Grenznutzen ist für den Bürger so gering, daß noch nicht einmal die Unterhaltskosten für die Investition durch die laufenden Einnahmen gedeckt sind. Eine Straße verbessert einerseits die Infrastruktur und damit die Produktivität in der Volkswirtschaft und stellt andererseits ein Konsumgut bei privater Nutzung dar. Eine Aufteilung der Staatsausgaben in wohlstandsmehrende und wohlstandsmindernde ist daher nicht möglich.

Das Problem der Staatsverschuldung wird von den Bürgern offensichtlich nicht in ausreichendem Maße gesehen. Die Staatsverschuldung gehört zu den großen Belastungen der modernen Industriegesellschaften und läßt die weitverbreitete Annahme fraglich werden, daß es aufgrund fortgeschrittener volkswirtschaftlicher Erkenntnisse keine Wirtschaftskatastrophe wie in den zwanziger Jahren mehr geben könne.

Die Staatsverschuldung in den alten Bundesländern hat sich von 1984 bis 1989 wie folgt erhöht:[58]

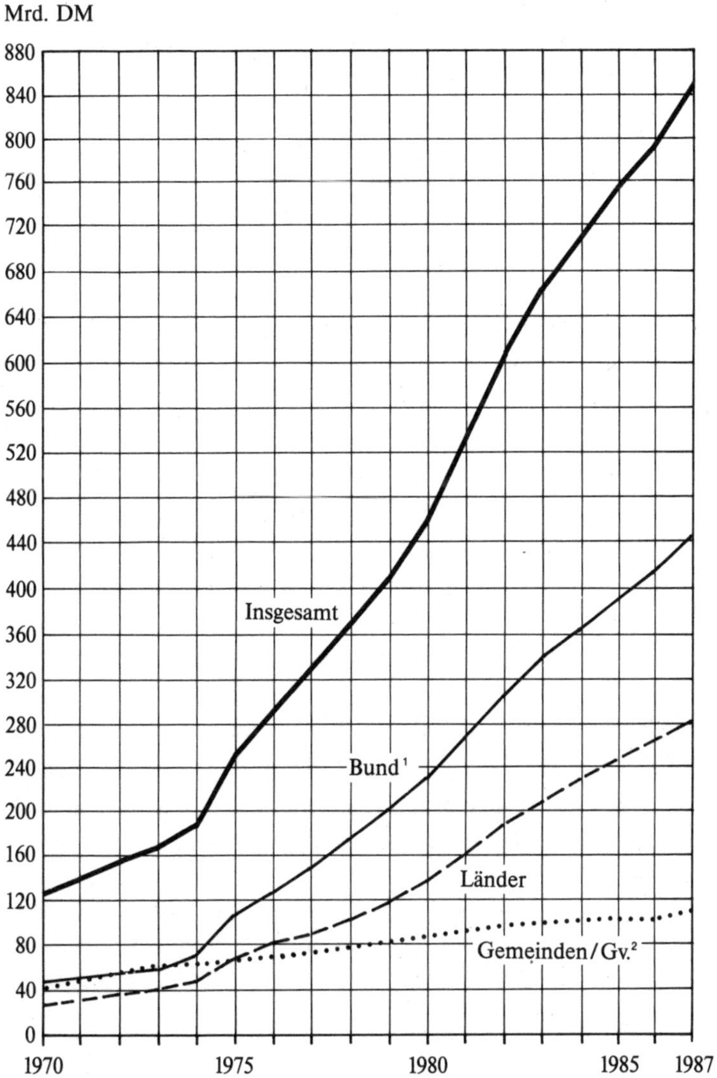

1 Ab 1980 einschließlich Lastenausgleichsfonds.
2 Ohne Krankenhäuser mit kaufmännischem Rechnungswesen.

Schulden der öffentlichen Haushalte – fundierte Schulden (ohne Schulden bei Verwaltungen) 1970-87
(Quelle: Datenreport 4; Zahlen und Fakten über die Bundesrepublik Deutschland; a. a. O., S. 224)

Unterstellt man, daß sich dieser Betrag nur um die anfallenden Zinsen erhöht, so ergibt sich nach 30 Jahren bei einem Zinsfuß von 7 % ein Anstieg auf 7.003.000.000.000 (7 Billionen) DM. Setzt sich der Anstieg wie in der zugrundegelegten Periode fort, so entsteht eine Schuldenlast von 10^{15} (1,5 Billiarden) DM. Neben der Bewältigung dieser Schuldenlast hat die künftige Generation im Rahmen des Generationsvertrages zugleich die Altersversorgung zu sichern.

Diese Generation kann auch bei starkem Konsumverzicht die Beträge nicht erarbeiten. Der Ausweg besteht in einer Hyperinflation. Deren weltweite ökonomische und soziale Folgen werden sich umso gravierender auswirken, da zu befürchten ist, daß alle Staaten in etwa zur gleichen Zeit zur Hyperinflation gezwungen werden, so daß eine Kettenreaktion entsteht.

Soll eine Hyperinflation vermieden werden, so verbleibt nur, die marktwirtschaftlichen Kräfte nicht weiter durch Verteilungskoalitionen zu behindern, die Bürger zu mehr wirtschaftlicher und gesellschaftlicher Mobilität zu zwingen und die begrenzten verbleibenden Mittel auf die wirklich Armen zu konzentrieren.

Die Staatsverschuldung hat demnach eine sozialpolitische und eine ökonomische Komponente. Letztere besagt, daß eine Gesellschaft ärmer wird, wenn der Staatsverbrauch höher ist als die Staatseinnahmen.

Der Staat tätigt Ausgaben für Konsumgüter, deren Wert nicht dem Grenznutzen der Bürger entspricht. Darüber hinaus wird durch die Fehlleitung der Produktionsfaktoren die Erzeugung von Gütern zu Marktpreisen eingeschränkt. Dieser Vorgang ist nur dann nicht vermögensmindernd, wenn extreme Situationen abgewehrt werden müssen, die den Zerfall der Gesellschaft bedeuten können, wenn ein starkes Absinken der Leistungsbereitschaft der Bürger zu verhindern ist oder wenn eine Staatsverschuldung zu wohlstandsmehrenden Investitionen vorgenommen wird, wie dies z. B. bei der Ausbildung der Fall ist.

5.4 Inflation

Der Begriff der Inflation ist nicht allgemeingültig definiert. Grundsätzlich liegt sie dann vor, wenn sich das Verhältnis der Geldmenge und ihrer Umlaufgeschwindigkeit zum Handelsvolumen verändert, so daß die Preise der nachgefragten Güter steigen.

Mit *Irmler*[59] und dem *Bundesfinanzhof*[60] soll angenommen werden, daß eine Geldentwertung dann gegeben ist, wenn das Preisniveau des Warenkorbes eines Vierpersonenhaushaltes regelmäßig um mehr als 1–1,5 % steigt. Eine Inflation kann durch eine Güterlücke oder eine Faktorenlücke entstehen. Eine „schleichende" Inflation bewegt sich in einer Größenordnung bis zu 4 % und stellt einen langanhaltenden Prozeß dar. Die „trabende" Inflation ist durch Inflationsraten von 4–10 % gekennzeichnet, bei der der Bürger aktiv auf die Geldwertminderung reagiert, bei einer über zehnprozentigen „galoppierenden" Inflation verliert das Geld seine Funktion als Wertaufbewahrungsmittel, und bei mehr als 50 % p. a. wird von einer „Hyperinflation" gesprochen. Im letzten Fall verliert das Geld auch seine Funktion als allgemeines Zahlungsmittel und die Bürger steigen auf eine Zweitwährung um, oder die Volkswirtschaft fällt in den Zustand der naturalen Tauschwirtschaft zurück.

Die Ursache für die zurückgestaute Inflation ist eine Güterlücke; sie wird durch einen Lohn- und Preisstopp kurzfristig überdeckt, das Güterangebot verringert sich und es kommt zu einem Zwangssparen sowie „grauen" Märkten. Die zurückgestaute Inflation kann durch eine Währungsreform oder eine sprunghafte Preissteigerung beseitigt werden.

Im Zusammenhang mit der Finanzierung der Staatsausgaben ist zu untersuchen, ob Inflationen eine Gegenwartserscheinung sind, ob sie von den Bürgern geliebt, ob sie unvermeidbar sind und welche Auswirkungen sie auf den Wohlstand des Landes haben.

Bei der Untersuchung der europäischen Währungen stellt sich heraus, daß der übliche Zustand die „schleichende" Inflation ist und die Zeiten der völligen Geldentwertung – wie z. B. *Valloninflation* in Kastilien (1559–1560), *Kipper und Wipper* (1618–1623) – kurz und selten sind.[61] Aber auch die Zeiten des stabilen Geldes, z. B. im deutschen Reich des 19. Jahrhunderts oder in den fünfziger und Anfang der sechziger Jahre in der Bundesrepublik Deutschland, sind selten. Es waren Zeiten großer Wohlstandsmehrung. Die schleichende Inflation ist der übliche Zustand des Geldwertes.[62]

Dabei wird die Inflation von den Bürgern regelmäßig bedauert. Diese Klagen ziehen sich durch die gesamte Geschichte. Schon der Prophet *Amos* setzt ‚... das Maß verringern und den Preis steigern und die Waage fälschen...' einander gleich. Eine Kapitulare *Karls des Großen* (818/819) bezeichnet sie als einen Verstoß gegen die sittliche Ordnung. *Nikolaus Oresme*[63] bezichtigt die Fürsten der Sünde, da die Änderung des Geldwertes Lüge, Meineid und falsch Zeugnis sei; sie sei eine ungerechte Steuer, welche die Bürger ihrer Güter und ihrer Freiheit beraubt. Diese Klagen ziehen sich bis zum heutigen Tag bei Politikern, den Bürgern, aber auch den Zentralbanken durch.

Können Inflationen vermieden werden? Die praktischen Möglichkeiten sind sehr alt, wie das von *Augustus* geschaffene Münzwesen oder die hervorragend durchgeführte römische Währungsreform im 4. Jahrhundert zeigen.[64] Auch die theoretischen Grundkenntnisse über die Umlaufgeschwindigkeit des Geldes[65], die Quantitätsformel und die Verkehrsgleichung[66] sind seit langem bekannt. Die Zentralbanken können trotz des Papiergeldes eine Inflation vermeiden.[67] Sie tun es aber nicht, im Gegenteil, sie prognostizieren sie. Demgegenüber wird eingewandt, daß dies freie Wechselkurse voraussetze. Das ist richtig. Wenn eine Währung nicht floaten darf, so wird das Land mit permanentem Exportüberschuß ärmer, da es für die Produktionsfaktoren Arbeit und Kapital keinen Gegenwert erhält. Sobald der Markt eine Anpassung an die Austauschverhältnisse erzwingt, erfolgt eine Abwertung der Währung des Landes mit dem Importüberschuß und die Geldbestände der Zentralbank des Exportlandes werden entwertet. Feste Wechselkurse werden auch damit begründet, daß sich die Wirtschaft mit ihren langfristigen Lieferbeziehungen auf gesicherte Erträge in heimischer Währung einstellen müsse. Die Wirtschaft hat sich hierfür eigene Instrumente wie z. B. die Terminsicherung geschaffen. Feste Wechselkurse sind nur kurz- und mittelfristig gegen die Marktentwicklung aufrecht zu erhalten. Sie machen alle Länder ärmer, da sie die Unternehmen veranlassen, mit falschen Preisen zu kalkulieren; die Anpassungsprozesse sind kurzfristig und um so schmerzhafter. Feste Wechselkurse erzeugen im Land mit dem Importüberschuß Arbeitslosigkeit und in dem Land mit dem Exportüberschuß eine Überhitzung der Konjunktur. Sie sind eine armutsmehrende politische Entscheidung.[68] Es wird weiter eingewandt, daß sich der Wert einer Währung nicht nur nach den ökonomischen Bedingungen des Außenhandels richte, sondern auch politische Ursachen habe, wie z. B. Sicherheit für das Kapital in Krisenzeiten oder generell Sicherheit vor Eingriffen des Staates. Dies ist richtig. Die lang anhaltende Abwertung des US-Dollars und anderer Währungen zeigt aber, daß eine politische Geldanlage der Bürger gegen die Grundbedingungen des Marktes nur sehr kurzfristig erfolgt. Auch die Inflationsraten der Bundesrepublik Deutschland in den achtziger Jahren haben ihre Ursache nicht in der Tatsache, daß die DM eine Reservewährung wurde.

Die Kritiker freier Wechselkurse weisen darauf hin, daß bei einem Umsatzvolumen von 430 Mrd. US-Dollar pro Tag nur 5 % durch den güterwirtschaftlichen Außenhandel verursacht werden. *Speculative bubbles, sunspot equilibria* und *self-fulfilling runs* und andere destabilisierende Faktoren würden durch die Spekulation zu einer Über- und Unterbewertung der Währungen führen. Sie fordern staatliche Interventionen, wie z. B. durch das *Louvre*-Abkommen, um die Zufälligkeiten zu beseitigen. Dagegen führt *M. Friedman* (The Case of Flexible Exchange Rates) aus, daß auch die Notenbanken keine besseren Informationen über richtige Austauschverhältnisse haben als private Anleger, die ihr eigenes Kapital einsetzen. Durch Spekulation verursachte Wechselkursschwankungen glätten sich kurzfristig und drängen stets zu einem Ausgleich, der den Marktbedingungen entspricht. Dies gilt jedoch nicht für politisch beeinflußte Wechselkurse, die auch aufgrund der Verteilungskoalitionen den Marktbedingungen nicht entsprechen.

Unverändert besteht das *Peso*-Problem, wonach die Marktteilnehmer die Auswirkungen von Fundamentalfaktoren, z. B. eines Budgetdefizits, antizipieren. Welches Leistungsbilanzdefizit ist für die USA langfristig vertretbar? Inwieweit ist dieses durch das Budgetdefizit verursacht? Hierauf gibt die Volkswirtschaftslehre keine akzeptable Antwort. Wichtig ist, daß bei festen Wechselkursen die Zentralbanken keine selbständige Geldmengenpolitik betreiben können.

Können sich Bürger vor einer Inflation schützen? Veranlaßt durch die Inflation von 1918–1923 entwickelten sich in Deutschland die großen Bilanztheorien von *Le Coutre, Rieger, Schmalenbach, Walb, Sommerfeld, Fritz Schmidt* u. a.[69] Sie sind grundsätzlich nicht praktikabel oder verlassen den vorgesehenen Rechtsrahmen, wie es bei der Schmidtschen Theorie der Fall ist.

Wie verhält sich die Praxis? Der Sparer ist sich bewußt, daß er von den 8 % Zins, die er auf der Bank erhält, 50 % für die Inflation abziehen muß, wenn die Inflationsrate 4 % beträgt. Oft erkennt er auch, daß der Inflationsgewinn von 4 % der Steuer unterliegt. Er erhält von 8 % Zinsen minus 60 % Ertragssteuern = 3,2 % abzüglich 4 % Inflationsrate. Somit ergibt sich ein Verlust von −0,8 %, der sich um die Vermögensteuer erhöht.

Der Sparer meint, daß er sich vor den Inflationsfolgen retten könne, wenn er in Sachwerte ausweicht. Bei einer Maschine oder einem Auto mit einer fünfjährigen Bindung ahnt er noch, daß die Wirkung ähnlich ist wie beim Sparen in Geldform. Wenn er aber ein Haus baut, so glaubt er, sich vor den Inflationsfolgen zu schützen, denn der Wert des Hauses steige immer um die Inflationsrate, und Ertragssteuern braucht er auf die Wertsteigerung auch nicht zu bezahlen. Es soll untersucht werden, ob diese Rechnung stimmt.

Die Mieterträge sollen für ein Anwesen während der Nutzungsdauer den Zins, die Tilgung und die Unterhaltung decken und einen angemessenen Gewinn ermöglichen. Spekulationsgewinne und Spekulationsverluste bleiben unberücksichtigt. Ebenso wird vernachlässigt, ob bei der Errichtung des Anwesens Eigen- oder Fremdkapital eingesetzt wurde. Auch wenn trotz des Immobilienerwerbs keinerlei zinspflichtige Verbindlichkeiten entstehen, sind sie kalkulatorisch zu berücksichtigen.

Gegeben seien folgende Rechengrößen:[70]

Ein Anwesen zum Kaufpreis von 100 Geldeinheiten (GE) wird über 50 Jahre genutzt. Der Preis steigt von Jahr zu Jahr um 5 %. Die Abschreibung erfolgt linear mit 2 %, die erwirtschafteten Abschreibungsbeträge verlaufen parallel, d. h. sie wachsen kalkulatorisch jährlich um 5 % an. Alle direkten und indirekten Unterhaltungskosten seien abgedeckt und es wird ein angemessener Gewinn erzielt. Nach 10 Jahren wird die Errichtung eines zweiten Gebäudes notwendig, das einen Aufwand in Höhe von 162,98 GE verursacht und korrespondierende Abschreibungen von 3,28 GE mit sich bringt.

Unter der Annahme, daß die Nutzenabgabe (Mieten) aller Gebäude unabhängig von ihrem Alter gleich hoch sein soll, steigen auch die Mieterträge des ersten Hauses um die erhöhten Abschreibungen. Bei unverändertem Abschreibungsbedarf von 2 GE entsteht im Laufe von 10 Jahren ein Inflationsgewinn von 6,42 GE und 2,57 GE nach Ertragssteuern (60 %). Für das neue Gebäude beträgt der Preis nach 20 Jahren 265,33 GE, seine zweiprozentige Abschreibung 5,3 GE. Die Abschreibungen des ersten Hauses bleiben mit 2 GE unverändert, der Inflationsgewinn steigt bis zu diesem Jahr auf 11,69 GE nach Steuern. Nach 50 Jahren wird das erste Gebäude abgerissen. Bedingt durch eine Inflationsrate von 5 % kostet das Ersatzgebäude 1.146,74 GE. Zur Finanzierung stehen zur Verfügung 100 GE aus Abschreibungen und 135,79 GE besteuerter Inflationsgewinn.

Jahr	Preis d. Hauses bei 5 % Inflation	Summe des Inflationsgewinns = Erlös ⁒ Abschreibungen	Inflationsgewinn ⁒ 60 % Einkommensteuer	Abschreibung und versteuerter Inflationsgewinn
	GE	GE	GE	GE
1	100,00			
5	127,63	1,61	0,64	100,64
10	162,89	6,42	2,57	102,57
20	265,33	29,26	11,69	111,69
30	432,19	79,32	31,73	131,73
40	704,00	173,48	69,39	169,39
50	1146,74	339,47	135,79	235,79

Dieser Betrag von insgesamt 235,79 GE wird mit 7,5 % p. a. angelegt. Es ergeben sich daraus Einkünfte der erwirtschafteten Abschreibung von 3 % nach Ertragssteuern (7,5 % ⁒ 60).

Der Bedarf für das Ersatzgut beträgt 1.146,74 GE. Ihm stehen 412,79 GE gegenüber, die sich zu 135,79 GE aus versteuerten Inflationsgewinnen, 100 GE für erwirtschaftete Abschreibungen und 177 GE aus versteuerter Verzinsung (3 %) ergeben. Das zeigt, daß die schleichende Inflation bei einer Anlage in Immobilien ca. 50 % des Kapitals vernichtet. Die Inflationsfolgen sind bei Immobilien genauso ausgeprägt wie bei Bargeld oder maschinellen Anlagen, nur der Zeitraum ist ein anderer. Die Inflationsfolgen treten erst nach ca. 50 Jahren sichtbar auf, was den Eindruck hervorruft, sie durch Anlage in Immobilien umgangen zu haben.

Es zeigt sich, daß es keinen Schutz vor der Inflation gibt, daß sie ungeliebt ist, regelmäßig auftritt und vermieden werden kann. Warum kann oder will die Gesellschaft den Bürger nicht vor der Inflation oder ihren Folgen schützen? Ein Schutzmechanismus wäre die Bilanzierungsfreiheit. Sie ist nicht durchführbar, da sie den Rechtsrahmen überschreitet. Dies gilt nicht für die Indexierung, die jedoch grundsätzlich verboten ist, u. a. um die Inflationserwartung der Bürger nicht zu erhöhen.[71]

Der Staat schafft, wie gezeigt wurde, die Inflation, setzt folgerichtig auch keine Mittel ein, um die Folgen zu beseitigen, sondern verstärkt sie durch die Besteuerung von Scheingewinnen. Diese wären durch die duale Bilanztheorie zu vermeiden, bei deren Anwendung die Unternehmen eine gewinnmindernde oder verlusterhöhende Rücklage in Höhe ihres Inflationsverlustes steuerfrei bilden dürfen. Sie überschreitet nicht den Rechtsrahmen, verstärkt die Inflation nicht durch die Erwartung der Wirtschaftssubjekte, erhöht das Gebot der Rechtsstaatlichkeit, entspricht dem Sozialstaatprinzip und dem Gebot der Bilanzwahrheit und Bilanzklarheit.

Bei einer Erhöhung der Steuerprogression auf den Restgewinn erhält der Staat einen Einnahmeausgleich, so daß sich die Steuerlast nicht verringert, aber die Unternehmen und Bürger entsprechend dem ökonomischen Ursprung des Gewinns belastet werden.

Welche Vorteile hat die Inflation für den Staat? Es wird gesagt, daß sich die Wirtschaftssubjekte wie bei einem konjunkturellen Aufschwung verhalten, die Produktionsfaktoren besser ausgenutzt werden, alle gesellschaftlichen Verhandlungen wie z. B. die Tarifaushandlung leichter seien und der Wohlstand steige.[72] Dem ist entgegenzuhalten, daß die Wirtschaftssubjekte die Inflation in ihrem Verhalten antizipieren und sie damit beschleunigen.

Einige der wesentlichsten Auswirkungen sind:

- Die Fehlleitungen der Produktionsfaktoren, die nicht mehr in ihre Anlage mit dem höchsten Wirkungsgrad gelenkt werden;
- eine armutserhöhende Zerstörung der sozialen Beziehungen. Einzelne Wirtschaftssubjekte können sich besser auf die Inflationsfolgen zu Lasten anderer einstellen, womit weitreichende betriebswirtschaftliche und damit gesellschaftspolitische Auswirkungen verbunden sind.

Während emissionsfähige Unternehmen bei einer entsprechenden Ertragskraft durch Kapitalerhöhungen sich stets mit ausreichend Eigenkapital über den Markt versorgen können, werden die nicht emissionsfähigen Unternehmen bei sonst gleichen Verhältnissen langfristig vom Markt verdrängt, da sie im wesentlichen darauf angewiesen sind, daß Gewinne thesauriert werden. Es ergibt sich damit, daß die Staaten bewußt eine Umverteilung von den Sparern zu sich selber vornehmen. Eine ‚trabende' oder gar Hyperinflation lieben die Staaten nicht, da dann der Bürger verarmt und eine Umverteilung nicht mehr möglich ist.

Man sieht aber auch die Auswirkungen der Inflation im privaten Bereich: Lebt ein Handwerker bei einer 36-Stunden-Woche von seinem Lohn und arbeitet er 9 Stunden pro Woche für 25 DM/Std. in der Sekundärwirtschaft, so hat er ein zusätzliches Nettoeinkommen von ca. 1.000,– im Monat. Legt er es 40 Jahre mit Zinseszinsen an, verfügt er über 1.095 TDM bei 3,5 % und 2.396 TDM bei 7 %. Von den Zinsen dieses Kapitals können seine zwei Kinder leben – vorausgesetzt, daß keine Inflation herrscht und der Handwerker die bis vor kurzem übliche Arbeitszeit von ca. 45 h pro Woche praktiziert. Nach einer Generation wäre das Problem der Lohnabhängigkeit überwunden.

Die Inflation stellt also eine bewußte Umverteilung von den Sparern – regelmäßig sind es die Bezieher kleiner und mittlerer Einkommen – zum Staat dar.[73] Sie wird bewußt herbeigeführt, wirkt armutserhöhend und ist neben der ökonomischen eine kulturell-moralische Erscheinung.

Anmerkungen zu Kapitel 5

1 *Recktenwald, H. C.*, Ethik, Selbstinteresse und bonum commune, Eine Analyse der klassischen Ordnungstheorie A. Smiths, in: *Enderle, G.* (Hrsg.), Ethik und Wirtschaftswissenschaft, Berlin 1985; *Watrin, C.*, Gesellschaftliche Wohlfahrt, Zur volkswirtschaftlichen Sicht der Gemeinwohlproblematik, in: *Rauscher, A.* (Hrsg.), Selbstinteresse und Gemeinwohl, Berlin 1985.

2 Bezugnehmend auf die bedeutsamen Traditionen der klassischen Ordnungstheorie nach *Eucken, Schumpeter, Röpke, Müller-Armack* u. a. betont *Krüsselberg* die Freiheit und das eigenverantwortliche Handeln des Menschen als wichtigsten Grundbezug für die Legitimation von Ordnungen. *Krüsselberg, H. G.*, Ordnungstheorie, Zur Konstituierung und Begründung der Rahmenbedingungen, in: *Bievert, B., Held, M.*

(Hrsg.), Ethische Grundlagen einer ökonomischen Theorie, Frankfurt 1989, S. 102ff.

3 *Downs, A.*, An Economic Theory of Democracy, London 1957.

4 *Badura* nennt als wesentliche staats- und verwaltungsrechtliche Probleme: – Privatnützigkeit unternehmerischer Tätigkeit darf keinesfalls angetastet werden; – die persönliche Leistungsbereitschaft des einzelnen darf nicht durch den Betreuungs- und Versorgungsstaat beeinflußt werden; – eine leistungsfähige Exekutive bedarf generalklauselartiger Ermächtigungen zur wirksamen Wirtschaftslenkung. *Badura, P.*, Marktwirtschaftliche Freiheit im Verwaltungsstaat, in: Grenzen der Staatstätigkeit in der Marktwirtschaft, Köln, Berlin 1980, S. 79ff.

5 *Faller, H. J.*, Rechtsstaatlichkeit, in: Die neue Ordnung, Paderborn, 36 (1982), H. 2.

6 *Krüsselberg, H. G.*, Ordnungstheorie, Zur Konstituierung und Begründung der Rahmenbedingungen, in: *Bievert, B., Held, M.* (Hrsg.), Ethische Grundlagen einer ökonomischen Theorie, Frankfurt 1989, S. 109.

7 *Zhao Ziyang*, Bericht über die Tätigkeit der Regierung vom 25. 3. 1987, zitiert nach: *Harke, R.*, Volksrepublik China, Staat, Demokratie, Leistung, Berlin 1989, S. 16.

8 Verfassung der Volksrepublik China vom 9. 12. 1982 und Änderungen vom 12. 4. 1988 und Beschluß über die Verstärkung der Rechtserziehung zur Wahrung der Stabilität und Geschlossenheit vom 22. 1. 1987, zitiert nach: *Harke, R.*, ebenda, S. 55, 64.

9 Strafgesetz der Volksrepublik China vom 1. 7. 1976, Artikel 2, zitiert nach: *Harke, R.*, ebenda, S. 305.

10 *Olson, M.*, Aufstieg und Niedergang von Nationen, ökonomisches Wachstum, Stagnation und soziale Starrheit, Tübingen 1986, S. 265.

11 *Stober, R.*, Zur wirtschaftsverwaltungsrechtlichen Bedeutung des Rechtsstaatsprinzips, in: Archiv des öffentlichen Rechts, Bd. 113/4, Tübingen 1988.

12 *Weber, M.*, Wirtschaft und Gesellschaft, Teil III, Die Typen der Herrschaft, Tübingen 1980, S. 128.

13 *Badura* unterstreicht mit Nachdruck, daß die Wahrnehmung der Aufgaben des Staates einen leistungsfähigen Verwaltungsapparat erfordern, dessen Arbeitsgrundlagen und dessen Arbeitsweise aber prinzipiell zu vervollkommnen sind. Der „Gesetzesflut" ist mit einer höheren Qualität und gleichzeitigen Überschaubarkeit der Gesetze zu begegnen. Die hochgradige Veränderlichkeit und Kompliziertheit der Rechtsordnung darf nicht zu einer Ausdehnung der Bürokratisierung führen. *Badura, P.*, Marktwirtschaftliche Freiheit im Verwaltungsstaat, in: Grenzen der Staatstätigkeit in der Marktwirtschaft, Köln, Berlin 1980, S. 89ff.

14 *Tuchtfeldt, E.*, Die Marktwirtschaft zwischen gestern und morgen, Berlin 1972.

15 Statistisches Bundesamt, Statistisches Jahrbuch 1990 für die Bundesrepublik Deutschland, Stuttgart 1990, S. 574. Die Ausgaben des Staates (in % des Bruttosozialproduktes, Staatsquote) sind von 39,1 % 1970 auf 49,8 % im Jahre 1982 stetig angestiegen und erreichten zu diesem Zeit-

punkt ihren Höchststand. Seitdem konnte eine gewisse Trendwende herbeigeführt und die Staatsquote um 3–4 % gesenkt werden.

16 *Welge, M.*, Unternehmensführung Bd. I, Planung, Stuttgart 1985, S. 19ff.; *Hahn, D.*, Stand und Entwicklungstendenzen der strategischen Planung, in: *Hahn, J.* und *Taylor, B.* (Hrsg.), Strategische Unternehmensplanung, Wien 1986, S. 17ff.

17 *Dlugos, G.* (Hrsg.), Unternehmensbezogene Konfliktforschung, Stuttgart 1979.

18 *Hayek, F. A. v.*, Die Verfassung der Freiheit, Tübingen 1983, S. 285ff.; vgl. Abschnitt 4.2.

19 *Krause-Junk, G.*, Abriß der Theorie von öffentlichen Gütern, Tübingen 1977; *Neumann, M.*, Theoretische Volkswirtschaftslehre, München 1988.

20 *Sik, O.*, Wirtschaftssysteme, Vergleich, Theorie, Kritik, Berlin, Heidelberg, New York 1987.

21 *Rauscher, A.*, Kirche in der Welt, Bd. II, Katholische Soziallehre und liberale Wirtschaftsauffassung, Würzburg 1988, S. 371ff.

22 *Koselleck, R.*, Preußen zwischen Reform und Revolution, Stuttgart 1987, S. 129.

23 *Bismarck, O. v.*, Rede im Reichstag am 9. 5. 1884, in: Norddeutsche Allgemeine Zeitung vom 17. 5. 1884.

24 *Engels, F.*, Engels an E. Bernstein in Zurüch, in: Marx/Engels/Werke, Bd. 36, Berlin 1983, S. 150ff.

25 Europäische Sozialcharta vom 18. Oktober 1961, in: BGBl. II, 1961, S. 1262.

26 Internationaler Pakt über wirtschaftliche, soziale und kulturelle Rechte vom 19. Dezember 1966, in: BGBl II, 1973, S. 1570.

27 IAO-Abkommen Nr. 135 vom 23. Juni 1971 über Schutz und Erleichterungen für Arbeitnehmervertreter im Betrieb, in: BGBl II, 1973, S. 953.

28 *Arndt, H.*, Arten und Ursachen der Arbeitslosigkeit in ihrer Bedeutung für die Beschäftigungspolitik, in: Zeitschrift für Wirtschafts- und Sozialwissenschaften 107 (1989), S. 505ff.; *Lampert, H.*, Die Wirtschafts- und Sozialordnung der Bundesrepublik Deutschland, München 1990.

29 *Schultz* geht davon aus, daß dieser Personenkreis deutlich kleiner wird und weist dabei besonders auf die Rolle von Investitionen auf dem Gebiet der Gesunderhaltung hin. *Schultz, T. W.*, In Menschen investieren, Die Ökonomik der Bevölkerungsqualität, Tübingen 1986, S. 45.

30 *Frerich* verweist darauf, daß das ‚Verursacherprinzip' Möglichkeiten bietet, partielle marktliche Steuerungsmechanismen zu erschließen, um dieser Situation entgegenzuwirken. *Frerich, J.*, Sozialpolitik, München 1990, S. 448.

31 *Frerich, J.*, a. a. O., S. 488.

32 In der Grundaussage zu sehr ähnlichen Vorschlägen kommen auch: *Miegel, M.*, Wohlstand für alle – was wurde erreicht, in: Vermögenspolitik in der sozialen Marktwirtschaft, Stuttgart 1987, S. 25ff.

33 Der Begriff „Randgruppe" wird zumeist genutzt, um bestimmte Personengruppen von der ‚Allgemeinheit' abzutrennen. Sie sind zu charakte-

risieren durch spezifische, eigene Verhaltensnormen und -muster, die allerdings weniger längerfristig von ihren Mitgliedern geteilt werden. Eher handelt es sich um eine zeitweilige Zugehörigkeit. *Keller, E. von,* Management in fremden Kulturen, Bern, Stuttgart 1982, S. 113. Dieses Verständnis von Randgruppenzugehörigkeit klammert diejenigen Personen aus Randgruppen aus, die durch anerkannte Leistungsbeeinträchtigung arbeitsunfähig sind. Es fragt sich in diesem Zusammenhang, ob die Anerkennung psychischer Krankheiten nicht zu eng gezogen wird.

34 In der Bundesrepublik Deutschland lebten 1989 ca. 400.000 Übersiedler. Jährlich wächst die Zahl der eingebürgerten Personen um 40.000; davon sind ca. 25 % erwerbstätig. Statistisches Bundesamt, Statistisches Jahrbuch für die Bundesrepublik Deutschland, Stuttgart 1990, S. 60 und S. 74.

35 Unter Subventionen versteht man in den volkswirtschaftlichen Gesamtrechnungen Zuschüsse, die der Staat im Rahmen der Wirtschafts- und Sozialpolitik für laufende Produktionszwecke gewährt, sei es zur Beeinflussung der Marktpreise oder zur Stützung von Produktion und Einkommen. Statistisches Bundesamt, Statistisches Jahrbuch 1990 für die Bundesrepubik Deutschland, Stuttgart 1990, S. 562.

36 *Lampert, H.,* Die Wirtschafts- und Sozialordnung der BRD, München 1990.

37 *Olson, M.,* Aufstieg und Untergang von Nationen, Tübingen 1965, S. 52.

38 Statistisches Bundesamt, Statistisches Jahrbuch 1990 für die Bundesrepubik Deutschland, Stuttgart 1990, S. 564f.

39 *Olson, M.,* a. a. O., S. 215f.

40 *Musgrave, R. A.,* Finanztheorie, Tübingen 1966.

41 *Eichhorn, P., Thiemayer, T.,* Finanzierung öffentlicher Unternehmen, Baden-Baden 1982, S. 21.

42 *Witte, E.,* Die Neuordnung der Deutschen Bundespost, in: *Eichhorn, P.* (Hrsg.), Unternehmensverfassung in der privaten und öffentlichen Wirtschaft, Baden-Baden 1989, S. 213.

43 *Molitor, B.,* Wirtschaftstätigkeit des Staates in der Marktwirtschaft, in: *Gutowski, A.* (Hrsg.), Hamburger Jahrbuch für Wirtschafts- und Sozialpolitik, Tübingen 1985, S. 45.

44 *Windisch, R.,* Privatisierung natürlicher Monopole im Bereich Bahn, Post und Telekommunikation, Tübingen 1987.

45 Global 2000, Der Bericht an den Präsidenten, Frankfurt 1980.

46 *Stahl, D.,* Solarzellen für den Weltmarkt, in: *Siemens*-Zeitschrift, Berlin und München, 64 (1990) 3, S. 24ff.

47 *Krause, F., Bossel, H.* (u. a.), Energiewende, Wachstum und Wohlstand ohne Erdöl und Uran, Frankfurt 1981.

48 *Fischer, B.,* Sparkapitalbildung in Entwicklungsländern, München 1986.

49 *Hagen, T.,* Wege und Irrwege der Entwicklungshilfe, Zürich 1988, S. 59ff., S. 108ff.

50 *Weber, M.,* Wirtschaft und Gesellschaft, Tübingen 1980, S. 124.

51 *Warnke, J.*, Die Neuorientierung der deutschen Entwicklungspolitik, in: Entwicklungspolitik im Spannungsfeld von Solidarität und Eigeninteresse, Stuttgart, New York 1986.
52 *Frerich, J.*, Sozialpolitik – Das Sozialleistungssystem der Bundesrepublik Deutschland, München 1990, S. 14; *Lampert, H.*, Sozialpolitik, in: *Issing, O.* (Hrsg.): Allgemeine Wirtschaftspolitik, 2. Auflage, München 1988, S. 52ff.
53 *Miegel, M.*, Wohlstand für alle – was wurde erreicht, in: Vermögenspolitik in der sozialen Marktwirtschaft, Stuttgart 1987, S. 15ff.; *Faltlhauser, K.*, Elemente künftiger Vermögenspolitik, ebenda, S. 59ff.
54 *Littmann, K.*, Steuerreform statt Tarifanpassung, Berlin 1985, S. 16.
55 Statistisches Bundesamt, Statistisches Jahrbuch für die Bundesrepubik Deutschland 1990, Stuttgart 1990, S. 516.
56 *Kallen, P. B.*, Direktinvestitionen deutscher Unternehmen in Entwicklungsländern, Frankfurt 1987.
57 *Olson, M.*, Aufstieg und Niedergang von Nationen, Tübingen 1985.
58 Statistisches Bundesamt, Statistisches Jahrbuch 1990 für die Bundesrepublik Deutschland, Stuttgart 1990, S. 455.
59 *Irmler, H.*, Wann spricht man von der Inflation? München 1972, S. 36.
60 BFH-Urteil vom 27. 7. 1967, BStBb III 1967; *Johnson, H. G.*, Inflation, Theorie und Politik, München 1975, S. 18ff.
61 *Etos, M. J.*, Umriß einer Geschichte der Preise und Löhne vom ausgehenden Mittelalter bis zum Beginn des 19. Jahrhunderts, Leyden 1936, S. 134.
62 *Gaettens, R.*, Inflation, München 1955, S. 22ff.; *Deutsche Bundesbank*, Geschäftsbericht für 1988, Frankfurt 1989, S. 27.
63 *Oresme, N.*, Tractatus de orgine, natura iure et mutationibus monetarum, in: Traktat über Geldabwertung, in: *Schorer, E.* (Hrsg.), Jena 1937, S. 57ff.
64 *Heichelheim, A.*, Wirtschaftsgeschichte des Altertums, Leyden 1933, S. 17.
65 *Locke, J.*, Consequences of the lowering of interest and raising the value of money, London 1691, zitiert nach: *Kraus, O.*, Geld, Kredit, Währung, Berlin 1958, S. 67.
66 *Fisher, I.*, Die Kaufkraft des Geldes, Berlin 1916, S. 128.
67 *Deutsche Bundesbank*, Monatsberichte der Deutschen Bundesbank, März 1968, S. 13.
68 *Sauermann, H.*, Das Problem der schleichenden Inflation, Berlin 1966.
69 *Le Coutre, W.*, Zeitgemäße Bilanzierung, Die statische Bilanzerfassung und ihre praktische Anwendung, Wien 1934; *Rieger, W.*, Einführung in die Privatwirtschaftslehre, Nürnberg 1928; *Schmalenbach, E.*, Dynamische Bilanz, Köln und Opladen 1957; *Walb, E.*, Die finanzwirtschaftliche Bilanz, Wiesbaden 1966; *Sommerfeld, H.*, Endynamische Bilanz, Stuttgart 1955; *Schmidt, F.*, Die organische Bilanz im Rahmen der Wirtschaft, Leipzig 1921.
70 *Stahlmann, H.*, Verdrängt die Inflation den Privatbankier? Ein Beitrag zur Vermeidung inflationsbedingter Wettbewerbsnachteile, Berlin 1980, S. 58.

71 *Geiger, H.*, Indexierung, Ein problematischer Vorschlag, in: *Ehrlicher, W.* (Hrsg.), Probleme der Indexbindung, Berlin 1974, S. 99; *Giersch, H.*, Indexklauseln und Inflationsbekämpfung, in: *Ehrlicher, W.* (Hrsg.), Probleme der Indexbindung, Berlin 1974, S. 35.

72 *Keynes, J. M.*, Allgemeine Theorie der Beschäftigung, des Zinses und des Geldes, Berlin 1974, S. 114ff.; *Hankel, W.*, Währungspolitik, Stuttgart 1971, S. 40ff.

73 *Olson, M.*, Aufstieg und Niedergang von Nationen, Tübingen 1985.

6 Ursachen von Wohlstand und Armut

Die Ausgangsfrage lautete: Welche Ursachen hat der Wohlstand der Menschen? Wohlstand entspringt der Kombination der Produktionsfaktoren Kapital, Arbeit und ökonomische Rahmenbedingungen.

Bezogen auf den Produktionsfaktor Kapital zeigt sich, daß er bei entsprechenden ökonomischen Rahmenbedingungen in gewünschtem Umfang vorhanden ist.

Auch Menschen, die zur Freiheit und Eigenverantwortung fähig sind, gibt es in jeder Volkswirtschaft; sicherlich in unterschiedlichem Umfang, aber in allen Ländern werden Menschen an ihrer Entfaltung gehindert, ihre Initiative durch theoretisch mögliche, aber praktisch nicht vorhandene Freiräume eingeschränkt. Eine freiwillige ökonomische Beweglichkeit bei den einen und die erzwungene ökonomische Beweglichkeit bei anderen würde nicht nur den Wohlstand dieser Individuen, sondern aller Menschen erhöhen. Im Laufe von Generationen kann ihre ökonomische Leistungsfähigkeit erhöht werden, wenn individuelle Erziehungsideale hervorgehoben werden. Somit wäre eine Armutsverminderung in allen Volkswirtschaften in relativ kurzer Zeit möglich.

Die theoretischen Kenntnisse über die ökonomischen Rahmenbedingungen, die den Wohlstand mehren, liegen spätestens seit *Adam Smith* vor. Seine Kinder und Nachkommen haben Irrtümer des großen Ökonomen beseitigt. Sie haben seine Erkenntnisse der Zeit angepaßt und Einzelheiten modifiziert. Die Marktkräfte sind so stark und werden durch immer komplexere Konzepte der unternehmerischen Marktarbeit weiter erschlossen[1], daß sie eine Wohlstandsmehrung auch bei nichtoptimaler Wirtschaftspolitik erzwingen. Dem widerspricht auch nicht der Theorienstreit der Nationalökonomen über die richtige Wirtschaftspolitik, sofern ihre geistige Grundlage der Markt ist.

Warum wird der freie Außenhandel behindert? Warum gibt es Verteilungskoalitionen und (Erhaltungs-)Subventionen? Warum betreibt der Staat eine Verschuldungs- und Inflationspolitik? Warum bestehen staatliche Monopole und andere Formen der Wettbewerbsverzerrung? Warum sind die Investitionen des Staates teilweise kapitalvernichtend?

Es liegt sicher nicht daran, daß diese Erscheinungen mit ihren Folgen unbekannt sind, es ist auch nicht nur eine Schwäche des demokratischen Systems. Die Ursache liegt im Menschen. Er hat nicht das Bedürfnis nach dem freien Markt. *Heraklit* sagt: „Der Krieg ist der Vater aller Dinge." Und der Markt ist Krieg. Es ist ein ständiger, gewollter Kampf der Wirtschaftssubjekte gegeneinander; ein Kampf, bei dem derjenige siegt, der seine Produktionsfaktoren besser kombinieren kann oder der kreativer ist. Wenn auch dieser Krieg regelmäßig nach festgelegten Regeln abläuft, so ist er doch sehr anstrengend, seine Rationalität entspricht nur sehr bedingt den Bedürfnissen der Menschen.

Die Menschen sehnen sich nach Geborgenheit, Solidarität, Wärme, Sicherheit, haben ein wachsendes irrationales Mißtrauen gegen die Technologie, akzeptieren einen festen Preis, da sie sich vom Markt überfordert fühlen. Sie glauben, durch Verteilungskoalitionen reicher zu werden als durch den täglichen Kampf, den der Markt erfordert. Diese Beweggründe führen dazu, daß die Menschen Sehnsucht nach dem Kollektiv haben. Sie übertragen ihre Probleme auf die Gemeinschaft – den Staat – der sie gerne aufnimmt, um seine Macht kurzfristig zu erhöhen, wobei er durch die Verwaltung unterstützt wird.

Es ist ein Fakt unserer Zeit, daß der geistige und materielle Wandel schneller wird. Innerhalb eines Lebens müssen die Menschen oft mehrmals eine Umorientierung vornehmen; das schafft Angst und Widerstand, ist mit Schmerzen verbunden und kostet Geld. In einer Gesellschaft, die das Eigeninteresse stark betont, ist es verständlich, wenn Absolventen einer Hochschule in ihrem Beruf mit einem angemessenen und gesicherten Einkommen tätig sein wollen, wenn Absatzmärkte geschützt und Industriestandorte erhalten werden sollen; wenn die Betroffenen nicht die Kosten des Wandels tragen und nicht das Leid der Umstellung – z. B. eine vorübergehende Arbeitslosigkeit oder eine subalterne Beschäftigung außerhalb ihres Berufes – erdulden wollen. Durch den schnellen Wandel bedeutet diese Forderung aber, daß andere für die künstliche Stabilität zahlen müssen. Diese anderen zahlen doppelt: Einmal für die Unterstützung derer, die sich dem Wandel entziehen, und zum anderen tragen sie die Lasten der Gemeinschaft allein. Wandel bedeutet, daß Neues entsteht. Soll Neues entstehen, so muß Altes sterben.

Die Mikro-Instabilitäten von Unternehmen, Branchen, Regionen sind nicht nur durch den Wandel unvermeidbar, sie sind eine unverzichtbare Kraft einer freien Wirtschaft. Würden sie vermieden, entstünde eine Rigidität in der Wirtschaft. Sie erzeugen die Makrostabilität. Mikro-Instabilitäten können verschoben werden, entladen sich aber später plötzlich und heftig wie eine zurückgestaute Inflation. Ihre Verschiebung vermindert nicht nur den Wohlstand, sie gefährdet die Existenz der Gesellschaftsform. Da sich die Forderungen nach Mikrostabilität beim Staat bündeln, wird eine Spirale in Gang gesetzt. Immer mehr Gruppen wollen von anderen Gruppen unterhalten werden. Die Finanzen des Staates werden eingeschränkt, sein politischer Freiraum eingeengt; da er auf immer neue Gruppen Rücksicht nehmen muß, kann er auch den wirklich Schwachen nicht helfen. Die geistigen Kapazitäten des Staates, für Zukunftsaufgaben geeignete Rahmenbedingungen zu schaffen, werden gelähmt.

Der Mensch – gleich welcher Kutur – lebt in dem Spannungsverhältnis zwischen der Sehnsucht nach dem Kollektiv mit seiner Geborgenheit einerseits und seinem Bedürfnis nach Freiheit mit ihrem Wohlstand andererseits. Je nachdem, welche geistige Grundhaltung in einer „freien" Gesellschaft ausgeprägt ist, werden sich die ökonomischen Rahmenbedingungen verändern, wird der Wohlstand steigen oder sinken.

Durch die zu beobachtende Sehnsucht vieler Menschen nach Beständigkeit und Sicherheit, wird die Armut in vielen Ländern wachsen, wird der Wohlstand in 30 Jahren in den reichen Ländern durch ihre Verschuldung fraglich werden, die Mittel zur Erhaltung der Lebensqualität auf der Erde nicht im ausreichenden Umfang zur Verfügung stehen und das Leben der nächsten Generationen problematisch werden.

Anmerkung zu Kapitel 6

1 *Meffert, H.*, Strategische Unternehmensführung und Marketing, Wiesbaden 1988.

7 Prognosen

7.1 Grundlagen

Eine Theorie ist wertlos, wenn sie nicht überprüft werden kann.

Die Theorie muß erklären, warum es zu einer bestimmten Situation gekommen ist, und sie muß helfen, konkrete wirtschaftliche Probleme zu lösen,[1] d. h. es ist aufzuzeigen, welche Folgen es hat, wenn nichts verändert wird, und gleichzeitig sind die Schattenseiten des vorgeschlagenen Weges darzustellen. Geschieht dies nicht, so ist die Theorie falsch, denn vollkommenes Glück kann es dauerhaft nicht geben.

Es soll gezeigt werden, welche Auswirkungen eine auf die ökonomische Freiheit, auf das Individuum abgestellte Wirtschaftsordnung hat und welche Auswirkungen eintreten, wenn das Kollektiv, eingebettet in staatliche Anweisungen, die Basis einer Volkswirtschaft darstellt. Prognosen dieser Art werden Zielscheibe der Kritik sein.

Popper[2] bezeichnet jedoch die Formulierung einer Ansicht als den wesentlichen Schritt, denn dadurch wird sie objektiviert. Es ist danach nicht nötig, alles bis in die Axiome zu definieren, wohl aber zu prüfen, ob die logische Konsequenz annehmbar ist. Sie soll getestet werden, obwohl das Bewußtsein über die Fehlbarkeit der Aussagen sehr wohl gegeben ist.

Da die gesellschaftlichen Systeme offen sind, kann keine Theorienbildung als richtig oder falsch bezeichnet werden. In Anbetracht der Tatsache, daß von einer Einheit der Gesellschaftswissenschaften – zumindest im Zusammenhang mit diesem Thema – ausgegangen werden muß, verbieten sich die ‚ceteris paribus'-Gesetze,[3] da zwar regelmäßig deren Gesetzmäßigkeiten, nicht aber die Annahmen mit der Realität übereinstimmen.[4] Da bei der Erstellung der vorliegenden Theorie soziale und psychologische Einflußgrößen eine beachtliche Rolle spielen[5], ist die Geschichtswissenschaft von großer Bedeutung. Nur durch sie kann die gegenwärtige Situation verstanden werden, und ohne dieses Verständnis ist eine Prognose nicht möglich; damit verbieten sich monokausale Ansätze. Die einbezogenen sozialen und psychologischen Einflußgrößen dürfen nicht den gesicherten Erkenntnissen dieser Wissenschaften widersprechen, so daß es sich nur um elementare Aussagen über das menschliche Verhalten handeln kann.

Die hier vorgelegte Theorie ist dahingehend zu überprüfen, ob sie logische Widersprüche aufweist, Probleme löst und mit der Wirklichkeit und anderen bestätigten Theorien vereinbar ist.[6] Zur Erstellung einer Prognose ist es notwendig, daß singulare Aussagen gemacht werden. Diese dürfen einerseits nicht grundsätzlich falsch sein, können aber andererseits nicht alle Einflußfaktoren einer Nation umfassen.[7] Es muß aber verlangt werden, daß die wesentlichen singularen Aussagen erkannt werden, da sonst die Theorie nicht überprüfbar ist. Sind grundsätzlich unterschiedliche Rahmenbedingungen möglich, z. B. ob die UdSSR politisch zerfällt oder als ein Staat bestehen bleibt, sind gesonderte Prognosevarianten zu erstellen. Die Forderung, die singularen Aussagen weitgehend richtig anzunehmen, findet da ihre Grenze, wo sehr unwahrscheinliche Ereignisse – z. B. die ČSFR wird eine Republik der UdSSR – eintreten. In jedem Fall haben eine Theorie und die ihr folgenden Prognosen den Spielraum der Möglichkeiten einzuengen.

Die dargestellte Theorie soll zeigen, daß es eine Gesetzmäßigkeit für Wohlstand und Armut gibt. Hierbei wird nicht eine bestimmte Schule, wie der *‚logische Positivismus‘* (Wiener Kreis), die rationalistisch-empirische Sicht oder die historisch-soziologische Forschung noch andere Wissenschaftstheorien als alleinige Grundlage zur Beantwortung der Fragestellung verwandt. Es werden für drei Länder Prognosen aufgestellt. Die Auswahl der Länder erfolgte aufgrund der Aktualität ihrer Problemstellungen und der Möglichkeit der zeitnahen Überprüfbarkeit der Prognoseergebnisse.[8]

Nach nur 6 Monaten sind einige politische Unbekannte aus dem August 1991 bereits beantwortet. Der Verlag hat deshalb um eine Aktualisierung gebeten. Es scheint aber angebracht, die theoretischen Aussagen an den eingetretenen Realitäten zu überprüfen.

7.2 Prognose für die Staaten der ehemaligen UdSSR

Ausgangsdaten

Kapital

Der Kapitalwert ergibt sich aus seinem künftigen Ertragswert. In diesem Sinne ist das Kapital der Staaten der ehemaligen UdSSR sehr gering. Der Boden wird nicht effektiv bearbeitet, so daß er geringe Erträge abwirft. Die Infrastruktur ist schlecht, der Handel unterentwickelt und die Produktionsbetriebe sind nicht wettbewerbsfähig. Letzteres gilt auch für die Qualität der Produkte, die Fertigungsmethoden sowie die Fähigkeit, sich auf Marktbedingungen einzustellen. Es ist unbekannt, ob die Militärindustrie mit ihrer Bevorzugung in den Staaten der ehemaligen UdSSR und ihrer weltweiten Sonderstellung eine Ausnahme macht. Die Bausubstanz ist überwiegend auf dem Niveau eines Entwicklungslandes. Der Außenhandel ist defizitär.

Bevölkerung

Die Erziehung zum Kollektiv erfolgte seit Generationen durch das staatliche Erziehungsmonopol. Es scheint, daß in weiten Bereichen des Landes keine ausgeprägte positive Einstellung zum Privateigentum gegeben ist. Der Gewinn eines einzelnen führt oft nicht zu Hochachtung und Respekt seiner Umwelt, sondern erzeugt Mißtrauen, ja sogar teilweise Aversion. Wer auf das Kollektiv hin erzogen ist, erwartet auch vom Kollektiv Antwort auf seine persönlichen Probleme. Diese Antwort kann aber das Kollektiv aufgrund der wirtschaftlichen und politischen Situation des Landes nicht mehr geben und war auch in der Vergangenheit nur sehr bedingt dazu in der Lage. Es wird die Ansicht vertreten, daß in den Staaten der ehemaligen UdSSR die persönliche Verfügbarkeit über das Kapital nicht praktikabel sei, womit es auch keinen freien Markt geben kann. Das individuelle Schuldbewußtsein, geschärft durch die individuelle Verantwortung vor Gott sei ein unerläßlicher Motor für das Entstehen des Arbeitsethos in den protestantischen Ländern. In Rußland herrschte schon vor dem Sozialismus Apathie und ein mangelhafter Sinn für persönliche Verantwortung. Diese Ansichten werden im Sinne von *Max Weber* damit begründet, daß der russisch-orthodoxen Kirche die Bewährung des Menschen in der Welt wenig gilt und bei der kollektiven Beichte gleich ganzen Gemeinden die Sünden erlassen werden.

Richtig ist, daß der Kommunismus den Menschen das Arbeiten zumindest in quantitativer Sicht nicht abgewöhnt hat, denn in kaum einer anderen Ideologie wird die Arbeit so sehr glorifiziert und versucht, sie mit der Aura des Heroischen zu umgeben.

Die Ansicht kann nicht bewiesen oder widerlegt werden. Es muß jedoch eingewandt werden, daß die Staaten der ehemaligen UdSSR unterschiedliche Kulturen haben und daß genügend Beispiele von äußerst geschäftstüchtigen Russen in der Emigration bekannt sind. Auch zeigt Abschnitt 5.2.5, daß sich der Mensch den Rahmenbedingungen anpaßt, und es kann nicht nur von Extremen ausgegangen werden.

Ökonomische Rahmenbedingungen

Die Rechtsstaatlichkeit ist weder in der täglichen Praxis noch durch die Ausbildung von Juristen gegeben, die sie nur dem Recht verpflichtet . In weiten Landesteilen scheint es auch so, als würden die Menschen vom Staat die Rechtsstaatlichkeit gar nicht erwarten, was die Entwicklung zum Rechtsstaat behindert. Die Verwaltung entspricht in keiner Weise den Anforderungen, die *Max Weber*[9] mit Präzision, Stetigkeit, Disziplin, Straffheit und Verläßlichkeit, also: Berechenbarkeit umschreibt. Im Gegenteil: Die KPdSU beeinflußt die Verwaltung, so daß die Forderung „ohne Ansehen der Person“ gleich für „jedermann“ nicht erfüllt ist.

Die Wirtschaftspolitik bietet unter dem Gesichtspunkt einer Marktwirtschaft alle Voraussetzungen, die zu einer Verarmung der Gesellschaft führen. Die Währung kann nicht floaten. Subventionen sind eine wesentliche Grundlage der Wirtschaftsordnung, eine individuelle Betätigung des einzelnen wird stark eingeschränkt, der Außenhandel ist staatlich reglementiert, Wettbewerb ist ausgeschlossen.

Prognosen

Es sind u. a. folgende Varianten der politischen Entwicklung möglich:

Zerfall des Landes

Da einzelne Republiken unterschiedliche Kulturen haben, werden die Landesteile sehr verschiedene Rahmenbedingungen haben. Dabei entwickeln sich zwischen den neu entstehenden Ländern Spannungen, die militärische Auseinandersetzungen sehr wahrscheinlich machen. Zerfallen Imperien, so entstehen regelmäßig keine bleibenden Demokratien, sondern autoritäre Regime, die die Nationalitätenkonflikte weiter verschärfen (Römisches Reich, Commonwealth, Österreich).

Verharren unter den bisherigen Rahmenbedingungen

Die Zentralgewalt wird mit physischen Mitteln aufrechterhalten, die Menschen haben Arbeit und leben am Existenzminimum. Die terms of trade werden sich weiter verschlechtern, die technologische Lücke größer, und es entsteht ein neuer Elendskontinent. Die Deviseneinnahmequelle durch Rohstoffe wird aufgrund des technologischen Rückstandes bei der Erschließung und Förderung sowie den geologischen Gegebenheiten schwächer werden.

Entstehen marktwirtschaftlicher Rahmenbedingungen

Ein Wertewandel muß nicht von der Bevölkerung ausgehen. Er kann sich auch durch von oben verordnete Rahmenbedingungen im Laufe von Generationen durchsetzen (Merkantilismus).

Der Sozialismus ist ein in sich geschlossenes System. Alle Versuche, ihn zu modifizieren, müssen fehlschlagen. Wenn es keine Marktmechanismen gibt, so ist eine Planungsbehörde notwendig. Wenn sich die Unternehmen am Markt orientieren und autonom sind, so kann sie abgeschafft werden. Es wird unterstellt, daß ideologische Glaubensgrundsätze bei der Führung abgelegt sind und die Effizienz des Wirtschaftens alleinige Priorität erhält. Wie wäre das zu erreichen? Alle drei Produktionsfaktoren müßten gleichzeitig verändert werden.

Kapital

Das Kapital befindet sich z. Zt. überwiegend in der Hand des Staates und arbeitet unrentabel. Es muß in kürzest möglicher Frist in Privateigentum umgewandelt werden. Dabei sind nicht die Erträge entscheidend, die der Staat beim Verkauf erzielt, sondern der Mehrwert der erzeugt wird, wenn eine persönliche Haftung der Eigner *(Walter Eucken)* vorliegt. Die künftige Kombination der Produktionsfaktoren wird über den wirtschaftlichen Erfolg entscheiden. Das Land ist privaten Bauern zu übergeben, absolute Gewerbefreiheit sollte herrschen, ausländische Investoren könnten zu günstigen Bedingungen (z. B. zum Rohstoffabbau) gewonnen werden. Viele Staatsbetriebe sind wechselseitig voneinander abhängig, und der Staat hat zu verhindern, daß ein Betrieb ausfällt, wenn nicht andere zur Verfügung stehen (Dominoeffekt). Das ist nicht kurzfristig zu erreichen; es kann aber in wenigen Jahren vollzogen sein.

Bevölkerung

Durch diese veränderten ökonomischen Rahmenbedingungen verschieben sich die Wertvorstellungen der Menschen in radikaler Weise. Nach einer Umfrage des *„Unionszentrums für Meinungsforschung“* (November 1989) in der Sowjetunion sprachen sich 85 % der Bevölkerung für eine private Nutzung des Bodens aus, aber nur 21 % für Privateigentum am Boden. 36 % wollten eine Weiterentwicklung der Kollektivwirtschaft und 42 % wollten Sowchosen, Kolchosen und private Bauernwirtschaften in enger Verbindung sehen. Das 1984 für 1990 angekündigte Pachtgesetz ist nicht erlassen worden.

Zur Entmachtung der Bürokratie gehört u. a., daß nicht die alten Unternehmen (z. B. Kolchosen) Verpächter sind, sondern direkt der Staat. Die Unternehmen würden die Außenbeziehungen der Pächter – Preise für angebaute Produkte, Zuteilung von Maschinen und Düngemittel, Abnahmemengen – so gestalten, daß die Leistungen der Bauern den alten Unternehmen zufließen.

In bisher unrentablen Unternehmen, die ohne Auflagen verpachtet wurden, sind bei steigender Ausbringung 3 Millionen Arbeitskräfte eingespart worden (*Moscow News,* 14. 4. 1990). Die Verpachtungsmethoden in Industrie und Landwirtschaft der Gegenwart zeigen die Bedeutung einer effizienten Verwaltung. Sie muß sicherstellen, daß öffentliche Betriebe, weder bezogen auf die Materialversorgung, Absatzwege, Logistik, Kreditaufnahme oder Steuerlast, noch bezogen auf ihre Existenzsicherheit besser gestellt werden als private Unternehmen. Arbeiten die öffentlichen Unternehmen unrentabel, so sind sie zu schließen.

Unterstützt durch propagandistische Maßnahmen, daß der Erfolgreiche einen besonderen sozialen Status hat, daß Privateigentum die Würde des Menschen erhöht (vgl. Abschnitt 4.2), werden sich die Menschen in stark unterschiedlichem Maße in den kulturell verschiedenen Republiken auf die neue Situation einstellen.

Die Landflucht wird beendet, denn dort werden sich die Marktmechanismen zuerst auswirken. Somit ist die Ernährung für die Bevölkerung sichergestellt, und bei den sinkenden Preisen für Nahrungsmittel wird die Armutsgrenze nach unten verschoben. Der Kleinhandel wird schnell effizient arbeiten, und es beginnt in dem Maße ein allmähliches Abschmelzen der großen Unternehmen, wie sich Wissen über eine kulturgerechte Unternehmensführung und Kapital in privater Hand angesammelt haben. Nach wenigen Jahren werden auch Ausländer bereit sein, vorsichtig zu investieren. Ist die Sicherheit für das Kapital gegeben, sind die Größe des Marktes, die niedrigen Löhne, die niedrigen Einkommenssteuersätze und die hohe Rentabilität von Fachwissen für ausländische Investoren attraktiv.

Diese radikalen Veränderungen werden gewaltige Spannungen erzeugen, denn es treten große soziale Probleme auf. Es entsteht privates Ausbeutertum, welches auch noch durch staatliche Propaganda gestützt wird. Menschen verlieren ihren Arbeitsplatz und müssen in ganz anderen Regionen tätig sein. Die ökonomisch rational handelnden Bürger sind nicht über das Land gleichmäßig verteilt. Sie werden sich, um dem Konkurrenzdruck in ihrer heimischen Region auszuweichen, in Gebieten ansiedeln, die ihnen die Gewinnerzielung leichter machen. Die regionale Bevölkerung fühlt sich von Fremden ausgebeutet und beherrscht. Andere Menschen werden in entwickeltere Regionen übersiedeln müssen, wo sie fremd sind und keinen Wohnraum haben.

Solche Spannungen kann keine Demokratie im Sinne von *Montesquieu* aushalten. Die Verfassung hat deshalb eine ‚aufgeklärte Diktatur' zu sanktionieren, die der Bevölkerung die persönlichen Freiheitsrechte, wie freie Religionsausübung oder Rechtsstaatlichkeit gewährt, aber ihre politische Willensbildung einschränkt. Nur eine solche Verfassung kann in wenigen Jahrzehnten die Entwicklung der westeuropäischen Länder vom Merkantilismus bis heute nachholen, wozu die dauerhafte Machtausübung gehört, die eine politische Opposition beschneidet. Die ‚aufgeklärte Diktatur' ist in der Lage, die

Umstellungskosten des Systems zu mildern, Chaos zu verhindern, wird jedoch auch ressourcenverzehrend sein.

Nicht nur aufgrund theoretischer Überlegungen über das Wesen der Freiheit, auch aufgrund der gesammelten Erfahrungen Europas, Chiles oder asiatischer Staaten wie Japan oder Taiwan ist bekannt, daß der ökonomischen die politische Freiheit zwingend folgt.

Ökonomische Rahmenbedingungen

Die Regierung hat sich um den Aufbau der Verwaltung im beschriebenen Sinne zu bemühen. Dazu gehört nicht nur die strikte Trennung der Verwaltung vom Parteieinfluß, sondern auch, daß sich die Regierung dem Gesetz selber unterwirft. Die Verwaltungsbeamten müssen einen hervorragenden Sozialstatus und einen Einkommensvorsprung erhalten, um Verständnis dafür zu wecken, daß strenge Strafen ihre Nichtneutralität begleiten.

Die Einsetzung ausländischer beratender Verwaltungsbeamter ist nötig, um in wenigen Jahren das notwendige Fachwissen zu erwerben. Die Verwaltung wird eine Elite. Hierzu bedarf es nicht nur einer funktionierenden Verwaltungsgerichtsbarkeit, sondern auch eines ausgebauten Rechtswesens. Da hierfür keine fachlich und zur Unabhängigkeit erzogenen Juristen zur Verfügung stehen, müssen auch in diesem Fall ausländische Berater in der Praxis und der universitären Ausbildung eingesetzt werden. Der Mangel an Verwaltungsbeamten wird der zentrale Engpaß bei der wirtschaftlichen Entwicklung des Landes sein. Ausländische Hilfe ist durch sprachliche und kulturelle Verschiedenheit nur bedingt möglich sowie durch den Bedarf des großen Landes auch quantitativ nicht ausreichend zu realisieren.

Die Steuergesetzgebung und Steuerverwaltung sind neu aufzubauen. Relativ hohe Verbrauchs- und Lohnsteuern führen schneller zu staatlichen Einnahmen als Steuern auf den Unternehmensertrag. Die Steuerpolitik hat die Unternehmen zu schonen und den Verbrauch zu belasten, da dadurch ein Leistungsanreiz gegeben ist und eine Kapitalbildung in privater Hand möglich wird, so daß staatliche Betriebe übernommen oder neue aufgebaut werden können.

Die Sozialgesetzgebung ist insoweit einzuschränken, als alle gesunden Erwerbsfähigen gezwungen sind zu arbeiten. Sollten sie keinen Arbeitsplatz finden, der das Existenzminimum garantiert, so hat der

Staat Arbeitsplätze, z. B. durch Rohstoffgewinnung, in Regionen zu schaffen, die unbeliebt, aber durch den niedrigen Außenhandelswert des Rubels noch wohlstandsmehrend für die Gesellschaft sind. Diese Arbeitskräfte werden sich bei freier Wanderungsbewegung in einem Maße um attraktive Aufgaben bemühen, daß das allgemeine Lohnniveau für lange Zeit relativ niedrig bleibt.

Eine Zentralbank ist aufzubauen. Das Geld hat strikt neutral zu sein, um dem Bürger Vertrauen in den Staat zu verschaffen und den Wettbewerb auf dem Kapitalmarkt nicht zu verzerren sowie eine Kapitalbildung zu ermöglichen. Der Rubel muß konvertierbar sein und floaten. Er wird einen sehr niedrigen Außenhandelswert haben. Dies hat zur Folge, daß Importe für die Verbraucher kaum bezahlbar sind und die heimische Wirtschaft einen qualifizierten Schutz durch den Markt erhält. Die Exporte werden erleichtert und der Abbau von schwer zugänglichen Rohstoffen durch den niedrigen Außenhandelswert des Rubels begünstigt. Gelingt es nicht, stabiles Geld zu schaffen, so wandert das Kapital durch private Eigner oder auch Staatsunternehmen in das Ausland. Die Wirtschaftssubjekte werden nicht bereit sein, ihre Güter gegen wertloses Geld einzutauschen. Weite Teile der Bevölkerung werden unter Hunger zu leiden haben, zumal eine naturale Tauschwirtschaft bei der Größe des Landes nur bedingt möglich ist.

Der Staatsverbrauch ist soweit wie möglich einzuschränken. Seine Schwerpunkte sollten sein:

- Unverminderte Ausbildungsförderung, die neben den bisherigen Fachgebieten die Rechts-, Verwaltungs- und Wirtschaftswissenschaften in den Mittelpunkt rückt,
- Aufbau einer besseren Infrastruktur, um den Wirtschaftssubjekten qualitativ bessere Arbeitsmöglichkeiten zu geben,
- Subventionen sind so schnell wie möglich abzuschaffen, um die Marktmechanismen wirksam werden zu lassen;
- Aufbau der Verwaltung und Rechtsstaatlichkeit,
- Strenge Antitrustgesetzgebung angesichts der ökonomischen und gesellschaftlichen Bedingungen,
- Stetigkeit oder leichtes Bremsen der Bevölkerungsentwicklung,
- Privater Wohnungsbau, der die Leistungsbereitschaft der Bevölkerung außerhalb der offiziellen Arbeitszeit erhöht.

Da die UdSSR zerfallen ist, werden die Probleme, die sich bereits deutlich abzeichnen, in den einzelnen Republiken in unterschiedlicher Weise und Gewichtung auftreten.

- Der Mangel an Verwaltungsbeamten wird der zentrale Engpaß bei der wirtschaftlichen Entwicklung des Landes sein. Ausländische Hilfe ist durch sprachliche und kulturelle Verschiedenheit nur bedingt möglich sowie durch den Bedarf des großen Landes auch quantitativ nicht ausreichend zu realisieren.

  Gelingt es nicht, stabiles Geld zu schaffen, so wandert das Kapital durch private Eigner oder auch Staatsunternehmen in das Ausland. Die Wirtschaftssubjekte werden nicht bereit sein, ihre Güter gegen wertloses Geld einzutauschen. Weite Teile der Bevölkerung werden unter Hunger zu leiden haben, zumal eine naturale Tauschwirtschaft bei der Größe des Landes nur bedingt möglich ist.

7.3 Prognose für die ČSFR

Ausgangsdaten

Kapital

Der Kapitalspeicher in der ČSFR ist günstiger als in der UdSSR und zum Teil auch als in der ehemaligen DDR. Die Umweltbelastungen sind erheblich, die Bevölkerung scheint diesem Faktor noch keine große Bedeutung beizumessen, so daß die hierfür notwendigen Ressourcen kleingehalten werden.

Die Infrastruktur und die Bausubstanz sind schlecht. Die Staatsverschuldung ist relativ gering, so daß die künftigen Belastungen insoweit geringer sind als in anderen ehemaligen sozialistischen Ländern.

Die Unternehmen sind relativ leistungsfähig. In technologischer Hinsicht sind sie ihren ehemaligen Partnern des RGW deutlich überlegen, was zu der günstigen Ausgangslage führt. Gemessen an den internationalen Anforderungen ist ihr Zustand nicht ausreichend. Da die ehemaligen RGW-Partner als Importeure weitgehend ausfallen, sei es, daß sie mittellos sind, sei es, daß sie sich westeuropäischen Lieferanten zuwenden, werden die Exportbranchen fast ganz verschwinden.

Bevölkerung

Die Ausbildung der Bürger ist, gemessen an den meisten anderen ehemaligen sozialistischen Ländern, sehr hoch. Es besteht auch noch ein Rest des alten industriellen Denkens, welches Teile des Landes bis vor vierzig Jahren zu einem Industriezentrum Europas machte. Das Freiheitsbedürfnis der Bürger ist ausgeprägt.

Belastet wird die Volkswirtschaft dadurch, daß mehrere Nationen zusammenleben, die bisher gewaltsam gleichgeschaltet wurden. Durch die bevorstehenden Auseinandersetzungen werden Spannungen hervorgerufen, die im besten Fall Energien zum Aufbau des Landes verbrauchen und im schlechtesten Fall einen Aufbau unmöglich machen.

Ökonomische Rahmenbedingungen

Die Rechtsstaatlichkeit wird bedingt praktiziert. Einerseits besteht ein ausgeprägtes Bedürfnis der Bevölkerung nach diesem zentralen Wert und es besteht auch bei den Juristen das Bewußtsein, nur dem Recht verpflichtet zu sein. Andererseits ist der Mangel an qualifizierten Juristen groß. Die Verwaltung wird nicht mehr durch die kommunistische Partei bestimmt. Jedoch ist deren Qualifikation noch nicht befriedigend.

Die Wirtschaft befindet sich überwiegend in der Hand des Staates, einen freien Außenhandel gibt es nicht, die Währung ist deutlich überbewertet.

Prognosen

Kapital

Wird unterstellt, daß keine nennenswerten staatlichen Hilfen der westlichen Nachbarländer ergehen, so ist die Kapitalausstattung nicht ausreichend. Es besteht die Absicht, die Unternehmen und den Boden zu privatisieren. Dabei werden Spannungen auftreten, denn die Bevölkerung möchte nicht, daß die künftig ertragreichen Gebäude, Betriebe und der Boden überwiegend in ausländisches Eigentum gelangen. Der Staat wird weitgehend nicht in der Lage sein, eindeutige Kriterien festzulegen, und sofern dies geschieht, kann die Verwaltung sie nicht durchsetzen. Einzelne Großbetriebe werden in ausländische Hand übergehen; die meisten anderen großen Betriebe werden jedoch im Staatseigentum verbleiben, bis sich ausreichend privates Kapital angesammelt hat, diese Großbetriebe zu verdrängen oder weiterzuführen. Die Entwicklung wäre ohne den ökonomischen Nationalismus leichter. Die kleinen und mittleren Unternehmen werden zu sehr niedrigen Preisen an motivierte Inländer verkauft werden können. Da hierbei nicht nur das Preisangebot berücksichtigt werden soll, sondern auch die Nationalität des Erwerbers, seine Beziehung zu dem Unternehmen oder seine politischen Belastungen in der Vergangenheit, wird der Prozeß mehrere Jahre dauern und das Ergebnis nicht frei von Willkür sein.

Bevölkerung

Trotz der relativ günstigen Ausgangslage wird es die Bevölkerung schwer haben, den Weg zum Wohlstand gehen zu können. Die nationalen Spannungen verstärken sich, da die wirtschaftliche Entwicklung unterschiedlich voranschreiten wird. Die Einkommen werden oft an der Armutsgrenze liegen, so daß die Sozialfürsorge einen wesentlichen staatlichen Aufwand darstellt.

Dennoch kann das Land nach wenigen Jahren eine rasche positive Entwicklung nehmen, da es zentral liegt, eine gut ausgebildete Bevölkerung besitzt und die kulturellen Grundstrukturen einer Industriegesellschaft noch vorgebildet sind. Es hat ausgezeichnete Voraussetzungen – eine liberale Wirtschaftsordnung unterstellt – ein wichtiger industrieller Zulieferant für die westeuropäische Industrie zu werden. In Anbetracht seiner aufzubauenden demokratischen Strukturen und auch künftig niedrigen Gehälter ist es der natürliche Konkurrent für Österreich. Im Laufe einer Generation kann sich das Land Marketing- und Managementmethoden aneignen, die es in die Lage versetzt, eine Wirtschaft mit höherer Wertschöpfung aufzubauen.

Sollte die Bevölkerung die Umstellung auf eine marktorientierte Wirtschaft nicht akzeptieren, so wird es auf den alten politischen und ökonomischen staatszentralistischen Zustand zurückfallen, der die nationalen Spannungen unterdrücken kann und die Grundbedürfnisse der Bürger sichert. Während sich das Land unter Marktbedingungen in wenigen Jahrzehnten an westeuropäisches Einkommensniveau annähern kann, muß es bei einem Weg in die Unfreiheit mit niedrigeren Einkommen als 1989 rechnen, da sich seine ökonomischen Umweltbedingungen verschlechtert haben.

Die Bevölkerung scheint sich in hohem Maße des Zusammenhanges von individueller und ökonomischer Freiheit bewußt zu sein. Sie sieht keinen anderen Ausweg als den mühsamen Weg zur Freiheit, und es ist mit hoher Wahrscheinlichkeit damit zu rechnen, daß die ČSFR in weniger als fünf Jahren ein wohlhabendes europäisches Land wird.

Ökonomische Rahmenbedingungen

Mit großer Energie ist der Rechtsstaat zu praktizieren und die Qualität der Verwaltung zu verbessern. Der Bedeutung beider Faktoren sind sich die Bevölkerung und die Regierung bewußt. Neben dieser Erscheinung wirkt das Nationalbewußtsein erschwerend, welches eine raschere Ausbildung von Juristen durch Ausländer nur bedingt zuläßt.

Um zu Wohlstand zu kommen, sind die ökonomischen Voraussetzungen zu schaffen, die die individuellen Fähigkeiten freisetzen.

- Die Infrastruktur ist zu verbessern,
- die Preise sind weder festzuschreiben noch die Güter zu subventionieren,
- das aufzubauende Steuersystem muß seinen Schwerpunkt (wie Ungarn) auf den Verbrauchssteuern haben,
- die Staatstätigkeit hat sich kontinuierlich zu verringern,
- die Währung muß floaten, ausländisches Kapital ist zu bevorzugen, da es Fachwissen und Absatzpotentiale mitbringt,
- die Staatsunternehmen sind so schnell wie möglich zu veräußern, was in der Praxis bedeutet, daß sie verschenkt werden müssen oder die öffentliche Hand an den Investor noch Zuzahlungen zu leisten hat, um Arbeitsplätze zu erhalten.

Seit August 1991 ergibt sich für die ČSFR kein Aktualisierungsbedarf.

7.4 Prognose für die neuen Bundesländer

Ausgangsdaten

Die Situation in den neuen Bundesländern unterscheidet sich teilweise erheblich von der der UdSSR oder der ČSFR.

Ausgangspunkt der wirtschaftlichen Betrachtung der neuen Bundesländer kann nicht die Erfahrung sein, die bei der Wirtschaftsumstellung von Entwicklungsländern gemacht wurde, da es sich um die Vereinigung einer Nation handelt, die kulturell nur zwei Generationen getrennt war. Gemeinsam ist den Volkswirtschaften mit der ČSFR, daß die Menschen den „realen Sozialismus" nicht lieben, wie die Wahlergebnisse beider Länder zeigen. Es sind die Alternativen aufzuzeigen, die vor der Währungsreform am 1. 7. 1990 bestanden, sowie die Prognose für die weitere Entwicklung, wie sie sich aufgrund der dargelegten Zusammenhänge aus heutiger Sicht ergeben.

Kapital

Wie auch in der UdSSR ist die Kapitalausstattung im Sinne eines Speichers, der künftige Gütererzeugung möglich macht, sehr gering.

Die Bausubstanz und Infrastruktur entsprechen nicht westeuropäischem Standard. Insbesondere durch die mangelhafte Infrastruktur ergeben sich drastische Wettbewerbsnachteile gegenüber ausländischen Konkurrenten. Die Umwelt ist in einem sehr hohen Maße belastet. Gleich welche Wirtschaftsordnung die neuen Bundesländer haben, es wird ein größerer Teil der volkswirtschaftlichen Ressourcen für die Erhaltung der Umwelt als bisher gebunden.

Die Produktionsweise der Unternehmen entspricht regelmäßig nicht dem westeuropäischen Stand. Meist fehlt es an einem qualifizierten Vertrieb, die Produkte haben nur in Ausnahmefällen eine Markenpräferenz, und ihr Erscheinungsbild entspricht nicht den Markterfordernissen.

Die großen Kombinate sind mit Aufwendungen belastet, die ihre internationalen Wettbewerber nicht zu tragen haben. Die Verwaltungen der Betriebe sind vergleichsweise überbesetzt. Die Anlagen werden in den betriebsinternen Rechnungen regelmäßig überbewertet. Die Absatzchancen der Betriebe im Inland müssen durch rechtliche und wirtschaftliche Maßnahmen aufrechterhalten werden, da die Produkte unter Wettbewerbsbedingungen nicht nachgefragt werden.

Die Betriebe müssen demnach – unabhängig von der gewählten Gesellschafts- und Wirtschaftsordnung – auf internationale Märkte vordringen, wobei dies ein langfristiger und schwieriger Prozeß ist, denn diese Märkte werden von der Konkurrenz seit Jahren bearbeitet und gepflegt. Daraus läßt sich insgesamt ableiten, daß der Ertragswert des Kapitals sehr gering oder eventuell sogar negativ ist.

Bevölkerung

Die Ausbildung der Bevölkerung im handwerklich-technischen Bereich ist hervorragend, da sie in der Vergangenheit stark betont und durch den Mangel an Material die Kreativität der Menschen gefördert wurde. So wurden in den ersten zwei Monaten nach der Währungs- und Wirtschaftsunion allein 8000 Patente (*Deutsches Patentamt*) angemeldet, die überwiegend zu Materialeinsparungen führen.

Die kulturellen Grundlagen in den beiden Landesteilen sind sehr ähnlich und nur durch eine Trennung von zwei Generationen – wobei auch in dieser Zeit menschliche Kontakte bestanden haben – unterbrochen. Dies zeigt sich an dem großen Fleiß und Ideenreichtum, mit dem der private Bereich so gut wie möglich ausgebaut wurde im Gegensatz zum gesellschaftlichen Eigentum. Es wird vermutet, daß die grundsätzliche Denkweise der Bürger in den neuen Bundesländern der in den alten Bundesländern vor dem Wertwandel der ausgehenden sechziger und beginnenden siebziger Jahre viele Gemeinsamkeiten hat. Der Sozialismus mit seinem Erziehungsmonopol scheint die Menschen nicht wesentlich geformt zu haben. Dies gilt insbesondere für die Jugend in der zweiten Hälfte der achtziger Jahre. Berichtet wird von einem immer schneller und massiver verlaufenden Verfall des ‚sozialistischen Bewußtseins' (*Institut für Jugendforschung*).

Hemmend wirkt sich das Vertrauen auf das Kollektiv aus, wenngleich es ständig in der Kritik steht. Trotz des Fleißes der Bevölkerung ist die Arbeitsintensität – bedingt durch die unterschiedlichen Rahmenbedingungen – eine andere als in Westeuropa. Das Führungsverhalten in den Unternehmen und der Verwaltung ist für moderne Organisationsformen nicht ausreichend. Dieser Punkt wird bezogen auf den Produktionsfaktor Arbeit die größten Probleme zeitigen.

Prognosen

1. Fall: Allmählicher Anpassungsprozeß

Vor der Währungs- und Wirtschaftsunion gab es die Möglichkeit, die Volkswirtschaften in einem langanhaltenden Prozeß sich nähern zu lassen. Der Vorteil dieser politischen Entscheidung wäre gewesen, daß sich die Bürger der neuen Bundesländer im Laufe vieler Jahre – vielleicht Jahrzehnte – an die andersartigen westeuropäischen Strukturen hätten anpassen können. Welche Auswirkungen wären eingetreten?

Kapital

Die Situation der Betriebe wurde aufgezeigt. Dies bedeutete gegenüber 1989 eine drastische Reduzierung der Einkommen, um im Außenhandel teilweise wettbewerbsfähig zu sein. Es ist fraglich, ob dies gesellschaftspolitisch ohne starke Beeinträchtigung der Leistungsbereitschaft der Bürger durchsetzbar gewesen wäre.

Privates Kapital und organisatorisch-technisches Fachwissen würde nicht in nennenswertem Umfang in das Land fließen, da seine Sicherheit durch die fehlende Rechtsstaatlichkeit nicht gegeben, die Verwaltung von geringer Leistungsstärke wäre und die Renditemöglichkeiten durch andere Mehraufwendungen, wie z. B. die mangelhafte Infrastruktur, begrenzt sind.

Bevölkerung

Die Umstellung auf die neuen Verhältnisse wäre allmählich vollzogen worden, was dem Bedürfnis der Menschen regelmäßig entgegenkommt. Andererseits hat die Bevölkerung eine Erwartungshaltung, die höhere Einkommen, mehr Rechtsstaatlichkeit, größere Rechte gegenüber dem Staat oder Freiheitsrechte wie Reiseerlaubnis etc. beinhaltet. Diese Erwartungen wären für Jahre – eventuell Jahrzehnte – nicht erfüllt worden. Es ist fraglich, ob auf die Bürger ein so starker Druck hätte ausgeübt werden können, daß nicht zu einem relativ nahen Zeitpunkt die staatliche Vereinigung von den

Bürgern erzwungen worden wäre. Die geistige Anpassung der Bevölkerung, insbesondere bei der Führung von Unternehmen, hätte Jahrzehnte gedauert.

Ökonomische Rahmenbedingungen

Es wurde gezeigt, daß die Rechtsstaatlichkeit eine zwingende Voraussetzung für eine Wohlstandsmehrung ist. Mitarbeiter für die Rechtspflege hätten aus den alten Bundesländern kommen können, was zu erheblichen Verlusten an Selbstwertgefühl bei den Bürgern geführt hätte. Um Mitarbeiter selbst auszubilden, wäre ein Zeitraum von mehr als zehn Jahren benötigt worden, um den Bedarf zu decken. Für diesen langen Übergangszeitraum wäre eine Stagnation in der volkswirtschaftlichen Entwicklung eingetreten. Ähnlich ist die Situation bei der Verwaltung, die ebenfalls nicht in wenigen Jahren allein aufgebaut werden kann, zumal entsprechende Ausbildungsstätten fehlen. Die notwendige Währungsreform wäre von den Bürgern als Enteignung empfunden worden und hätte deutlich leistungshemmende Folgen gehabt.

Die Steuereinnahmen hätten in keiner Weise ausgereicht, so daß die Verbrauchssteuern hoch anzusetzen wären, um die Staatsausgaben weitgehend zu decken. Dies hätte zu einer weiteren Verarmung der Bevölkerung geführt. Die zeitliche Verzögerung der Staatseinnahmen wäre durch das Fehlen einer Finanzverwaltung verstärkt worden.

Die Staatsverschuldung kann keine große Bedeutung haben, da Sparkapital nicht vorhanden ist bzw. durch die Währungsreform beseitigt wird und internationale Kreditwürdigkeit nicht gegeben ist. Der Subventionsbedarf für die Sozialpolitik hätte durch das Entstehen von Arbeitslosigkeit, gesellschaftlichen Randgruppen und vor allem Subventionierung der Staatsbetriebe gewaltige Summen ausgemacht.

Auch bei langfristig sehr hoher personeller und materieller Unterstützung durch die alten Bundesländer hätte die Armut und Unfreiheit ein unerträgliches Ausmaß erreicht. Die Folge wäre eine massive Abwanderung des leistungsstarken Teils der Bevölkerung gewesen.

2. Fall: Währungs- und Wirtschaftsunion

Es ist politische Zielvorgabe, daß die Lebensverhältnisse in den beiden Volkswirtschaften möglichst rasch angeglichen werden sollen, wobei stillschweigend unterstellt wird, daß sich der Lebensstandard in der alten Bundesrepublik Deutschland nicht zu verringern hat, sondern möglichst weiter steigen soll.

Durch die vollzogene Währungs- und Wirtschaftsunion, die aus innen- und außenpolitischen Gründen erfolgte, ergibt sich für die Betriebe der neuen Bundesländer eine drastische Aufwertung der Währung, die zu den genannten betriebswirtschaftlichen Problemen hinzukommt (vgl. Abschnitt 7.4.1).

Es ergeben sich drei theoretische Möglichkeiten zur Bewältigung dieser politischen Zielvorgabe:

- Eine Reduzierung der Löhne, so daß eine Übereinstimmung mit der geringeren Produktivität gegeben ist. Dies ist nicht realisierbar. Selbst wenn der Druck der Gruppen, die ein sehr rasches Anpassen an die Tarifgehälter der alten Bundesländer erzwingen, nicht gegeben wäre, so würden die Menschen – insbesondere bei der Konjunkturlage in den alten Bundesländern – in diese abwandern. Dies ist politisch nicht gewollt.
- Eine forcierte, gewollte Abwanderung, um einen Ausgleich zur geringeren Produktivität herzustellen. Diese Zweiteilung des Landes, die über Generationen nicht rückgängig gemacht werden kann, ist politisch ebenfalls nicht gewollt.
- Eine deutlich verbesserte Kapitalausstattung der Unternehmen der neuen Bundesländer, um die Produktivität der Arbeit in einem Maße zu erhöhen, daß sie den Tariflöhnen in wenigen Jahren entspricht, da die Unternehmen diese Lohnentwicklung bei ihren Investitionsentscheidungen vorwegnehmen.

Welche Voraussetzungen sind zu schaffen, um diese dritte Möglichkeit zu verwirklichen?

Kapital

Das Kapital – insbesondere, wenn die Investoren Eigner sind – wird nur gewonnen, wenn die gleiche Wirtschafts- und Gesellschaftspolitik vorliegt wie in den alten Bundesländern, wenn die Rechtsstaatlichkeit gesichert ist, die Verwaltung ihre Aufgaben zu erfüllen vermag und die Rentabilitätsaussichten langfristig günstiger sind als an anderen Standorten. Unter diesen Bedingungen wird Kapital ausreichend zur Verfügung stehen.

Bevölkerung

Entscheidend für den Erfolg beim Aufbau der neuen Bundesländer ist die Reaktion der Bürger auf die gewaltigen Veränderungen.

Es ist davon auszugehen, daß die wirtschaftlichen Abläufe den Menschen unbekannt sind. Nach der ersten Freude über die gewonnenen (selbstverständlichen) Freiheiten wird eine tiefe Enttäuschung und Hilflosigkeit einziehen. Enttäuschung, da die Hoffnungen der Bürger über den weiteren wirtschaftlichen Verlauf durch nichts gerechtfertigt, aber existent sind. Hilflosigkeit, da das alte Kollektivdenken restlos versagt und der einzelne mit den Techniken einer marktwirtschaftlichen Ordnung nicht vertraut ist. Die Umstellung erfolgt zu diesem Zeitpunkt nicht freiwillig. Wie sie erleichtert werden kann, findet man am besten in *Ludwig Erhards* Reden[10] gegen die Angst und die Angstparolen ab 1948.

In einer Volkswirtschaft, die nur eine verdeckte Arbeitslosigkeit kannte, führen Sätze in der Größenordnung von mehr als 20 % zu einer Katastrophenstimmung. Die Reaktion kann Gewalttätigkeit sein, die den Aufbau verlangsamt, insbesondere da durch sie politische Fehler wahrscheinlicher werden.

Eine andere Reaktion ist der Absentismus. Dieser war auch vor der Wirtschafts- und Sozialunion aus sehr verständlichen, rationalen Gründen präsent. Verstärkt er sich jedoch langfristig, so fehlt zum Aufbau der Volkswirtschaft die zwingend notwendige Motivation. Die sozialen Spannungen, die in der Umstellungsphase auftreten, können nur durch Sozialleistungen und ein umfassendes Schulungsprogramm gemildert werden. Die Ergebnisse dieser Umschulungen werden in den unteren Qualifikationsgruppen sehr gut sein. In den Unternehmen ist jedoch das Liniensystem vorwiegend angewandt worden. Ein vollständiges Umdenken der Führungskräfte ist notwendig, um moderne Organisationsformen einzuführen und zu beherrschen. Sollen aus den hierarchisch geprägten Betrieben selbständige Unternehmenseinheiten werden, die sich eigenverantwortlich am Markt bewähren, so bedarf es moderner Führungsstile, der Kenntnis der Konflikterzeugung und Konfliktbegrenzung, eines neuen Verständnisses über den Zusammenhang von Freiheit und Wirtschaftlichkeit, von Macht und Dezentralisation sowie der Verbindung von Aufgabe, Verantwortung und Entscheidung. Dieser Umdenkungsprozeß wird mehrere Jahre dauern; er ist der größte Engpaß in der Entwicklung des Landes und eine große Herausforderung der Unternehmen, aber auch der Bildungseinrichtungen. Auch aus diesem Grunde werden die Zentralen der großen Unternehmen für lange Zeit kaum in den neuen Bundesländern angesiedelt sein. Hierbei ist zu berücksichtigen, daß durch die Vereinigung der beiden Landesteile nicht eine bestehende Kultur weitergeführt wird, sondern insgesamt daraus eine neue Kultur entsteht.

Die wesentlichen Fehler, die die Gesellschaft in dieser Situation begehen kann, sind:

- Durch Subventionen alte Strukturen zu konservieren, wodurch die Finanzen der öffentlichen Hand überfordert, die Produktionsfaktoren fehlgeleitet und die Denkweise der Bürger pervertiert werden.
- Eine zu große Sparsamkeit bei der Realisierung der Rechtsstaatlichkeit und dem Aufbau der Verwaltung, da dadurch den Wirtschaftssubjekten die Arbeitsmöglichkeit genommen wird und
- die staatliche Tätigkeit nennenswert über den hoheitlichen Bereich auszudehnen und damit den Prozeß der Entwicklung zu verlangsamen.

Werden diese Fehler überwiegend vermieden, so sind die neuen Bundesländer für das weltweit nach Anlage suchende Kapital ein hervorragender Investitionsstandort und die Einkommen – nicht die Vermögen – der Bürger haben sich je nach Landesteil in drei bis fünf Jahren bei wirtschaftlicher Vollbeschäftigung denen der alten Bundesländer angepaßt.

Ökonomische Rahmenbedingungen

Als Voraussetzung der Rechtsstaatlichkeit wird es nicht schwer sein, Anpassungsgesetze zu erlassen. Die Rechtsstaatlichkeit in die Praxis umzusetzen, stellt die eigentliche Aufgabe dar. Der Richterbestand beträgt ca. ein Drittel dessen der alten Bundesländer. Hiervon sind einige fachlich oder aufgrund ihrer bisherigen Tätigkeit für den Beruf nicht mehr geeignet. Wird unterstellt, daß 75 % verbleiben, so stehen diesen durch Eigentumsprobleme, Rechtsunsicherheit, Verwaltungsverfahren, Sozialgerichtsbarkeit etc. ein Vielfaches an Aufgaben gegenüber, die in den alten Bundesländern zu erfüllen sind. Dieser Mangel kann im Laufe von Jahrzehnten durch die Ausbildung an den Universitäten und Fachschulen durch Professoren der alten Bundesländer ausgeglichen werden. Es würde bedeuten, daß so lange eine wirtschaftliche Tätigkeit nur begrenzt möglich ist und eine Demotivierung der Bevölkerung die Folge wäre. Es bleibt demnach nur ein massiver Transfer von Juristen und juristisch geschulten Sachbearbeitern von den westlichen in die östlichen Landesteile.

Erfolgt dieser Austausch an Juristen in großem Umfang, tritt dadurch möglicherweise eine Unterversorgung in den westlichen Bundesländern auf, die aber für einige Jahre leichter zu ertragen sein wird als der Verzicht auf die praktizierte Rechtsstaatlichkeit in den neuen Bundesländern. Da die qualifizierten Juristen aus Umwelt- und Einkommensgründen nur in Ausnahmefällen in den Osten übersiedeln und das Beamtenrecht nur für Bundesbeamte eine Abordnung zuläßt, zumal demotivierte Mitarbeiter diese menschlich schwierige Aufgabe kaum zu lösen vermögen, sind andere Anreize zu schaffen.

- Das bisherige Gehalt wird zu dem der neuen Bundesländer weitergezahlt,
- die Trennungsentschädigung wird so reichlich bemessen, daß sie ein Gehaltsbestandteil wird und
- Beamte werden bei künftigen Beförderungen bevorzugt, wenn sie beispielsweise zwei Jahre lang gependelt sind. Die Maßnahme wird ein großes Echo gerade bei den mobilen Beamten – auf die es ankommt – hervorrufen. Das Verfahren kann durch die gesamte Justiz bis zu den Grundbuchbeamten und sonstigen Rechtspflegern ausgedehnt werden.

Rein zahlenmäßig ist der öffentliche Dienst in all seinen Erscheinungsformen mit ca. 1,7 Mio. Beschäftigten im Verhältnis zur alten Bundesrepublik deutlich überbesetzt. Es ist notwendig, ihn abzubauen, an anderer Stelle aufzustocken und gleichzeitig zu qualifizieren. Dabei ist darauf zu achten, daß ganz neue Verwaltungen errichtet werden müssen, wie z. B. die Arbeitsverwaltung, andere Verwaltungen sind aufzulösen.

Es besteht die Gefahr, daß Menschen mit der größeren Motivation – zum Schaden der Gesellschaft – in die Wirtschaft abwandern und die verbleibenden ihren Aufgaben nicht gerecht werden können. Grundsätzlich ist die Situation mit der von 1949 in den alten Bundesländern nicht vergleichbar, denn zu dieser Zeit war eine funktionierende Verwaltung vorhanden, die aufgrund der politischen Lasten einzelner Beamter nur verkleinert wurde.

Parallel zu diesen Maßnahmen ist die Ausbildung an allen geeigneten Orten in den neuen Bundesländern massiv zu forcieren, um in drei bis zehn Jahren dieses Defizit auszugleichen.

Viel wird davon abhängen, in welcher Geschwindigkeit und wie energisch das Problem der leistungsstarken Verwaltung von den Regierungen in allen Teilen Deutschlands in Angriff genommen wird. Es ist sehr viel weniger aufwendig, wenn hierfür ausreichend Mittel zur Verfügung stehen, als sehr viel größere Beträge für die Arbeitslosigkeit und deren Folgen ausgeben zu müssen.

Nur bei einer befriedigenden Infrastruktur können die Produktionsfaktoren erfolgreich kombiniert werden. Es wird sich nur dann privates Kapital in den neuen Ländern ansiedeln, wenn sich die Voraussetzungen für seine Rentabilität verbessern. Liegen für die Infrastrukturverbesserungen konkrete und verpflichtende Planungen vor, so wird sich das Kapital schon zu einem Zeitpunkt niederlassen, in dem die Voraussetzungen noch nicht gegeben sind, da es auch in diesem Fall die Auswirkungen antizipiert. Da die öffentliche Hand für diese gewaltige Aufgabe weder planerische noch finanzielle Mittel besitzt, sind sie auf Unternehmen zu übertragen und durch den Kapitalmarkt zu finanzieren. Die öffentliche Hand hat alle Kapazitäten auf die Erfüllung der hoheitlichen Aufgaben zu konzentrieren, die im Zusammenhang mit der Infrastruktur stehen.

Straßenplanungen bewegen sich in Zeiträumen bis zu zehn Jahren. Solche Zeitspannen können sozialverträglich nicht überbrückt werden. Hier sind sofort die rechtlichen und verwaltungstechnischen Voraussetzungen zu schaffen, daß solche Maßnahmen in wenigen Monaten realisiert werden.

Es ist richtig, daß – mit oder ohne Steuererhöhungen – der öffentlichen Hand die Mittel fehlen, um wesentliche Aufgaben schnell in Angriff zu nehmen und zu realisieren. Diese Aufgaben, wie z. B.

Sanierung der Umwelt, der Bahn oder des Straßennetzes können aber auch privat finanziert werden. Dadurch steigt die Wirtschaftstätigkeit rasch an. Die erzielbaren Steuereinnahmen und die gesparten Sozialleistungen sind bedeutsamer als die entsprechende Zinsbelastung.

Ein solches Verhalten bedeutet kein deficit spending; es werden keine Investitionen durch den Staat getätigt, die unmittelbar meist nicht rentabel sind. Im Falle der neuen Bundesländer wird jedoch durch die private Investition ein Ertrag erzielt, der dem Investor zufließt, die öffentliche Hand nicht belastet und Voraussetzungen schafft, daß die Wirtschaftssubjekte wohlstandsmehrend tätig werden können.

Die Gemeinden werden keine wesentlichen Möglichkeiten haben, sich an diesen Investitionen zu beteiligen, da ihre Mittel kaum für die laufenden Ausgaben ausreichen werden. Das gleiche gilt auch für die neugegründeten Länder, wobei diese das Instrument des Leasing oder ähnlicher Finanzierungsformen einsetzen können, um auf diese Weise Infrastrukturen vorzuziehen, ohne ihre augenblickliche Finanzlage oder Kreditsituation zu belasten. Diese Instrumente stehen der Bundesrepublik Deutschland in noch weit größerem Maße zur Verfügung.

Ein Mittelentzug privater Investoren erfolgt dadurch nicht. Es ist zwar denkbar, daß der Zins leicht steigt, im übrigen hat die Bundesrepubik Deutschland genügend Refinanzierungsmöglichkeiten auf dem Weltmarkt. Parallel zu dieser staatlichen Infrastrukturverbesserung wird die Baubranche expandieren, wobei die privaten Investoren meist schneller sind als die Planungs- und Genehmigungsverfahren, denn diese hängen wiederum von einer leistungsstarken Verwaltung ab. Vor dem Anlaufen dieser Maßnahmen wird der Dienstleistungssektor aufgebaut werden, da er bei der Suche nach günstigen Standorten und Marktpositionen vorübergehend auch Nachteile hinsichtlich der Infrastruktur und Rentabilität auf sich nimmt. Auch er belebt die Bauwirtschaft und hier insbesondere die mittelständische Wirtschaft, da sie besonders schnell reagieren kann.

In der nächsten Phase erfolgt dann nach ca. drei Jahren – ein Jahr bis zur definitiven Investitionsentscheidung, ein Jahr für die laufende Planung und ein Jahr bis zum Produktionsanlauf – das produzierende Gewerbe. Da die Schulungsmaßnahmen für die Mitarbeiter oft mehr als ein Jahr dauern, wird der Arbeitsmarkt bereits 1992 entlastet.

Nach dieser Zeit des Aufbaus werden die neuen Bundesländer durch die Modernisierung gegenüber den alten einen technologischen Vorsprung haben. Üblicherweise wird eine solche Entwicklung mit investitionsfördernden Mitteln begleitet. Investitionszulagen zeigen eine schnellere Wirkung. Ertragssteuersenkungen ziehen die wirtschaftlich stärkeren Unternehmen an. Es ist eine politische Entscheidung, welchem Verfahren der Vorzug gegeben wird. Sicherlich ist eine Kombination von beiden günstig. Unabhängig von der Höhe der Förderung ist es nötig, daß der Abstand zu den Fördergebieten der alten Bundesländer für die Investoren deutlich wird.

Wie sieht die Entwicklung bis zu diesem Zeitpunkt aus? Es gab bei der Währungsumstellung ca. 9 Mio. Beschäftigte. Geht man davon aus, daß

- 10 % in den Vorruhestand treten,
- 1,7 Mio. Beschäftigte im öffentlichen Dienst bis auf 300.000 erst nach dem Überwinden der größten Schwierigkeiten entlassen werden,
- 1,2 Mio. in die alten Bundesländer pendeln bzw. übersiedeln,
- von den bisherigen 7,3 Mio. gewerblich Tätigen 20 %, d. h. 1,5 Mio. ihren Arbeitsplatz behalten,

ergibt sich in der Spitze eine Arbeitslosigkeit von über 20 %. Es müssen sich ferner ca. 80 % aller Beschäftigten einen neuen Arbeitsplatz suchen und fast alle Menschen müssen umgeschult werden.

Einerseits sind es nur wenige Jahre, die eine Umstellung bei den gegebenen Voraussetzungen benötigt, andererseits ist es ein ungeheurer gesellschaftlicher Einschnitt, der zu einem deutlichen und irreparablen Anwachsen der Randgruppen führt. Die soziale Belastung wird umso geringer, je schneller die öffentliche Hand reagiert, wobei die finanziellen Unterstützungen aus den alten Bundesländern relativ klein gehalten werden können, wenn die Maßnahmen – insbesondere die der Rechtsstaatlichkeit, des Verwaltungsaufbaus und der Planung – sehr kurzfristig getroffen werden.

Negativ wirkt sich für die Gesamtwirtschaft aus, wenn die bisherigen unproduktiven Betriebe durch Steuergelder längere Zeit künstlich erhalten werden. Die Steuergelder sind verloren, und Subventionen lassen sich nur sehr schwer abbauen, da die meist kleinen Gruppen sehr effektiv sind (vgl. Abschnitt 5.2.3), zumal die Betroffenen durch Gewöhnung glauben, einen Rechtsanspruch auf ihre Unterhaltung durch die Gesellschaft zu haben.

Auch für die neuen Bundesländer ergibt sich seit August 1991 kein Aktualisierungsbedarf.

Anmerkungen zu Kapitel 7

1 *Fleischmann, G.,* Nationalökonomie und sozialwissenschaftliche Integration, Tübingen 1966, S. 8ff.

2 *Popper, K.,* The Myth of the Framework (Der Mythos des Systems), 1976.

3 *Popper, K.,* The Myth of the Framework (Der Mythos des Systems), 1976, S. 33ff.

4 Eine andere Zielsetzung verfolgt *Graff,* aber auch *Frerichs/Kübler. Graff* macht Voraussagen zu wirtschaftlichen Detailfakten. Das Problem dieses Ansatzes scheint im Versuch zu liegen, künftige, unbekannte Daten exakt zu quantifizieren. *Graff, P.,* Die Wirtschaftsprognose, Tübingen 1977; *Frerichs, W., Kübler, M.,* Gesamtwirtschaftliche Prognoseverfahren, München 1980.

5 Derartige Grundorientierungen zum integrativen Umgang mit Erkenntnissen aus den Sozialwissenschaften sind auch zu verfolgen in der Diskussion um das Verständnis der Betriebswirtschaftslehre seit Gutenberg. *Raffée, H.,* Gegenstand, Methoden und Konzepte der Betriebswirtschaftslehre, in: Vahlens Kompendium der Betriebswirtschaftslehre, Bd. I, München 1989, S. 27ff.

6 *Fleischmann, G.,* a. a. O., S. 70.

7 ebenda, S. 14ff.

8 *Olson, M.,* Aufstieg und Niedergang von Nationen, Tübingen 1985.

9 *Weber, M.,* Wirtschaft und Gesellschaft, Teil III. Die Typen der Herrschaft, Tübingen 1980.

10 *Erhard, L.,* Gedanken aus fünf Jahrzehnten, Reden und Schriften, Düsseldorf, Wien, New York 1988.

Literaturverzeichnis

Albert, H., Freiheit und Ordnung, Tübingen 1986.

Albert, H., Zur Kritik der reinen Ökonomie, in: Laski, H. (Hrsg.), Beiträge zur Diskussion und Kritik der neoklassischen Ökonomie, Berlin, Heidelberg, New York 1979.

Alderfer, C. P., An empirical test of a new theory of human meds, in: Organizational Behavior and Human Performance 4 (1969), S. 142ff.

Alt, R., Die Erziehung auf frühen Stufen der Menschheitsentwicklung, Berlin 1956.

Arnim, H. H. v., Leistungsstaat contra Rechtsstaat, Berlin 1986.

Arndt, H., Vollbeschäftigung, Einführung in Theorie und Politik der Beschäftigung, Berlin 1984.

Arndt, H., Arten und Ursachen der Arbeitslosigkeit in ihrer Bedeutung für die Beschäftigungspolitik, ZWS (Zeitschrift für Wirtschafts- und Sozialwissenschaften) 107 (1987).

Aufzeichnungen zweier Reden von *Karl Marx* über die allgemeine Bildung in der modernen Gesellschaft; in: Marx/Engels-Werke, Bd. 16, Berlin 1983.

Badura, P., Marktwirtschaftliche Freiheit im Verwaltungsstaat, in: Grenzen der Staatstätigkeit in der Marktwirtschaft, Köln, Berlin 1980.

Ballauf, T., Pädagogik, Eine Geschichte der Bildung und Erziehung, Freiburg, München 1969.

Baufield, E. C., The Moral Basis of a Bachward Society, Glencoe 1958.

Becker, G. S., Der ökonomische Ansatz zur Erklärung menschlichen Verhaltens, Tübingen 1982.

Beckmann, H., Die normativ-deskriptive Ambivalenz in der ökonomischen Theoriebildung, Frankfurt 1986.

Benda, E., Grundrechte und Wirtschaftsordnung, Hannover 1981.

BFH-Urteil vom 27. 7. 1967, BStBl III 1967.

Bievert, B. und *Held, M.*, Ethische Grundlagen der ökonomischen Theorie, Frankfurt, New York 1989.

Bismarck, O. v., Rede im Reichstag am 9. 5. 1984, in: Norddeutsche Allgemeine Zeitung vom 15. 5. 1984, zitiert nach: Marx/Engels-Werke, Bd. 36, Berlin 1983.

Blum, R., Organisationsprinzipien der Volkswirtschaft, Frankfurt, New York 1983.

Böhm, F., Die Ordnung der Wirtschaft als geschichtliche Aufgabe und rechtsschöpfende Leistung, Stuttgart, Berlin 1937.

Böhm, F., Freiheit und Ordnung in der Marktwirtschaft, Baden-Baden 1980.

Boettcher, E., Vermögenspolitik im sozialen Rechtsstaat, Tübingen 1985.

Brandes, W., Über die Grenzen der Schreibtischökonomie, Tübingen 1985.

Brede, H. und *Loesch, A. V.*, Die Unternehmen der öffentlichen Wirtschaft in der BRD, Baden-Baden 1986.

Brentano, D. v., Zur Problematik der Armutsforschung, Konzepte und Auswirkungen, Berlin 1978.

Brezinka, W., Erziehungsbegriffe, in: Roth, L. (Hrsg.), Handlexikon zur Erziehungswissenschaft, Reinbek 1980.

Brinkmann, G., Konzepte und Kritik des Humankapitalansatzes, Berlin 1981.

Brinkmann, G., Ökonomik der Armut, Stuttgart 1981.

Bronfenbrenner, U., Die Ökologie der menschlichen Entwicklung, Stuttgart 1981.

Buchanan, J. M., Die Grenzen der Freiheit zwischen Anarchie und Leviathan, Tübingen 1984.

Busse, v. Colbe, W. und *Laßmann, G.*, Betriebswirtschaftstheorie, Berlin, Heidelberg, New York 1975.

Carl, M., Langfristige Grenzen der Staatsverschuldung, in: Jahrbuch für Sozialwissenschaften 36 (1985), S. 3.

Cassel, D., u. a., Ordnungspolitik, München 1988.

Clapham, R., Marktwirtschaft draußen, Beispiele geglückter Übernahmen oder Ansätze in Ländern der Dritten Welt, Stuttgart, New York 1982.

Clement, W., Konzept und Kritik des Humankapitalansatzes, Berlin 1981.

Conradi, W., u. a., Individuelles Handeln und sozialer Einfluß, Stuttgart 1985.

Degenhardt, C., Rechtsstaat – Sozialstaat, Berlin 1983.

Deutsche Bundesbank, Geschäftsbericht 1988, Frankfurt 1989.

Deutsche Bundesbank, Monatsberichte 1968, Frankfurt 1968.

Dlugos, G. (Hrsg.), Unternehmensbezogene Konfliktforschung, Stuttgart 1979.

Downs, A., An Economic Theory of Democracy (Ökonomische Theorie der Demokratie), Tübingen 1968.

Dürr, E., Wachstumspolitik, Bern, Stuttgart 1977.

Duwendag, D., Kapitalflucht aus Entwicklungsländern, in: Gutowski, A. (Hrsg.), Die internationale Schuldenkrise, Kiel 1988.

Ehrlicher, W., Probleme der Indexbindung, Berlin 1974.

Eichhorn, P. und *Thiemeyer, T.*, Finanzierung öffentlicher Unternehmen, Baden-Baden 1982.

Eichhorn, P., Unternehmensverfassung in der privaten und öffentlichen Wirtschaft, Baden-Baden 1989.

Ellwein, T., u. a., Erziehungswissenschaftliches Handbuch, Berlin 1969.

Enderle, G., Sicherung des Existenzminimums im nationalen und internationalen Kontext, Bern 1987.

Enderle, G. (Hrsg.), Ethik und Wirtschaftswissenschaft, Berlin 1985.

Engels, F., Herrn Eugen Dührings Umwälzung der Wissenschaft (Antidühring), in: Marx/Engels-Werke, Bd. 20, Berlin 1983.

Engels, F., Der Ursprung der Familie, des Privateigentums und des Staates, in: Marx/Engels-Werke, Bd. 21, Berlin 1983.

Engels, F., Der Anteil der Arbeit an der Menschwerdung des Affen, in: Marx/Engels-Werke, Bd. 20, Berlin 1983.

Engels, F., Engels an E. Bernstein in Zürich, in: Marx/Engels-Werke, Bd. 36, Berlin 1983.

Erhard, L., Gedanken aus fünf Jahrzehnten, Reden und Schriften, Düsseldorf, Wien und New York 1988.

Etos, M. J., Umriß einer Geschichte der Preise und Löhne vom ausgehenden Mittelalter bis zum Beginn des 19. Jahrhunderts, Leyden 1936.

Eucken, W., Die Grundlagen der Nationalökonomie, Berlin 1965.

Eucken, W., Grundsätze der Wirtschaftspolitik, Tübingen 1983.

Europäische Sozialcharta vom 18. Oktober 1961, in: BGBl. II 1961, S. 1262.

Evers, H. V., Die Befugnisse des Staates zur Festlegung von Erziehungszeiten in der pluralistischen Gesellschaft, Berlin 1979.

Fack, F. U. und *Hort, P.*, Soziale Marktwirtschaft, Stationen einer freiheitlichen Ordnung, Würzburg 1985.

Faller, H. J., Rechtsstaatlichkeit, in: Die Neue Ordnung, 36 (1986) 2/3.

Faltlhauser, K., Elemente künftiger Vermögenspolitik, in: Vermögenspolitik in der sozialen Marktwirtschaft, Stuttgart 1987.

Felderer, B., Wirtschaftliche Entwicklung bei schrumpfender Bevölkerung, Berlin 1983.

Felderer, B., Beiträge zur Bevölkerungsökonomie, Berlin 1986.

Felderer, B. und *Sauga, M.*, Bevölkerung und Wirtschaftsentwicklung, Frankfurt, New York 1986.

Fischer, B., Sparkapitalbildung in Entwicklungsländern, München 1986.

Fisher, I., Die Kaufkraft des Geldes, Berlin 1916.

Flaig, G., Staatsausgaben, Staatsverschuldung, makro-ökonomische Konsumfunktion, ZWS (Zeitschrift für Wirtschafts- und Sozialwissenschaften) 107 (1987) 2.

Fleischmann, G., Nationalökonomie und sozialwissenschaftliche Integration, Tübingen 1986.

Fend, H., Sozialisierung und Erziehung, Weinheim 1969.

Frerich, J., Sozialpolitik, Das Sozialleistungssystem der BRD, München 1990.

Frerichs, W. und *Kübler, M.*, Gesamtwirtschaftliche Prognoseverfahren, München 1980.

Freitag, K.-H., Marktwirtschaft, Ethik, ordnungstheoretische Annäherung, Köln 1987.

Frey, B. S., Theorie demokratischer Wirtschaftspolitik, München 1981.

Frey, R. L., Wachstumspolitik, Stuttgart, New York 1979.

Frey, R. L., Wirtschaft, Staat und Wohlfahrt, Basel, Frankfurt 1985.

Gaethens, R., Inflation, München 1955.

Gahlen, B. und *Ott, A. E.*, Probleme der Wachstumstheorie, Tübingen 1972.

Gasiet, S., Menschliche Bedürfnisse, Eine theoretische Synthese, Frankfurt, New York 1981.

Geiger, H., Indexierung – ein problematischer Vorschlag, in: Ehrlicher, W. (Hrsg.), Probleme der Indexbindung, Berlin 1974.

Gerstenberger, W., Strukturwandel unter verschlechterten Rahmenbedingungen, Berlin 1984.

George, S., Sie sterben an unserem Geld, Verschuldung der Dritten Welt, Reinbek 1990.

Giersch, H., Indexklauseln und Inflationsbekämpfung, in: Ehrlicher, W. (Hrsg.), Probleme der Indexbindung, Berlin 1974.

Giersch, H., Perspektiven unserer Wirtschaft, Bachem 1984.

Glatzer, W., Lebensqualität in der Bundesrepubik, Objektive Lebensbedingungen und subjektives Wohlbefinden; Frankfurt 1984.

Global 2000, Bericht an den Präsidenten, Frankfurt 1980.

Graf, O., Arbeitspsychologie, Wiesbaden 1960.

Graff, P., Die Wirtschaftsprognose, Tübingen 1977.

Grimm, D., Recht und Staat der bürgerlichen Gesellschaft, Frankfurt 1987.

Gutachten zur einkommenssteuerlichen Behandlung von Alterseinkommen, Wissenschaftlicher Beirat beim Bundesminister der Finanzen, Bonn 1986.

Gutowski, A., Die internationale Schuldenkrise, Berlin 1986.

Häfele, H., Für eine marktwirtschaftliche Steuerpolitik, in: Steuerpolitik für die soziale Marktwirtschaft, Stuttgart 1986.

Hagen, T., Wege und Irrwege der Entwicklungshilfe, Zürich 1988.

Hahn, D. und *Taylor, B.*, Strategische Unternehmensplanung, Wien 1986.

Hahn, D., Stand und Entwicklungstendenzen der strategischen Planung, in: *Hahn, D.* (Hrsg.), Strategische Unternehmensplanung, Wien 1986.

Haman, B., Pädagogische Anthropologie, Bad Heilbrunn 1982.

Handbuch zur Erziehungswissenschaft, Reinbek 1980.

Handwörterbuch der Finanzwirtschaft, Stuttgart 1976.

Handwörterbuch der Produktionswirtschaft, Stuttgart 1984.

Handwörterbuch der Wirtschaftswissenschaften, Stuttgart 1981.

Hankel, W., Währungspolitik, Stuttgart 1971.

Harke, R., Volksrepublik China, Staat, Demokratie, Leistung, Berlin 1989.

Harms, J., Arbeit und Wirtschaft, Frankfurt 1989.

Hayek, F. A. v., Individualismus und wirtschaftliche Ordnung, München 1979.

Hayek, F. A. v., Die Verfassung der Freiheit, Tübingen 1983.

Hayek, F. A. v., Die drei Quellen der menschlichen Werke, Tübingen 1979.

Hayek, F. A. v., Recht, Gesetzgebung und Freiheit, Landsberg 1986.

Heckhausen, H., Leistungsmotivation, in: Thomae, H. (Hrsg.), Handbuch der Psychologie, Bd. II, Göttingen 1965.

Heckhausen, H., Die Interaktion der Sozialisationsvariablen in der Genese des Leistungsmotivs, in: Thomae, H. (Hrsg.) Handbuch der Psychologie, Bd. VII/2, Göttingen 1972.

Heckhausen, H., Motivation und Handeln, Berlin, Heidelberg, New York 1989.

Herder-Dorneich, P. (u. a.), Überwindung der Sozialstaatskrise, Ordnungspolitische Ansätze, Baden-Baden 1984.

Hesse, H. und *Sautter, H.*, Entwicklungstheorie und -politik, Tübingen 1977.

Hurrelmann, K., Einführung in die Sozialisationstheorie, Weinheim 1989.

Inglehart, R., Kultureller Umbruch, Wertwandel in der westlichen Welt, Frankfurt, New York 1989.

IAO-Abkommen Nr. 135 vom 23. Juni 1971 über Schutz und Erleichterungen für Arbeitnehmervertreter, in: BGBl. II 1973, S. 953.
International Labour Office (ILO), Growth and Basic-Needs: An One-World-Problem, Geneva 1975.
International Labour Office (ILO), Beschäftigung, Wachstum und Grundbedürfnisse, Geneva 1976.
Internationaler Pakt über wirtschaftliche, soziale und kulturelle Rechte vom 19. Dezember 1966, in: BGBl. II 1973, S. 1570.
Irmler, H., Wann spricht man von der Inflation?, München 1972.
Issing, O., Allgemeine Wirtschaftspolitik, 2. Auflage, München 1988.
Issing, O., Spezielle Wirtschaftspolitik, München 1982.
Jacob, H., Allgemeine Betriebswirtschaftslehre, Wiesbaden 1988.
Jetzer, J. P., Kritischer Nationalismus und Nationalökonomie, Bern, Frankfurt 1987.
Johnson, H. G., Inflation, Theorie und Politik, München 1975.
Kallen, P. B., Direktinvestitionen der Unternehmen in Entwicklungsländern, Frankfurt 1987.
Kraus, O., Geld, Kredit, Währung, Berlin 1958.
Keller, E. v., Management in fremden Kulturen, Bern, Stuttgart 1982.
Kern, W., Der Betrieb als Faktorkombination, in: *Jacob, H.* (Hrsg.), Allgemeine Betriebswirtschaftslehre, Wiesbaden 1988.
Keynes, J. M., Allgemeine Theorie der Beschäftigung, des Zinses und des Geldes, Berlin 1974.
Khalatbari, R., Demoökonomische Probleme der Entwicklungsländer, Berlin 1979.
Khalatbari, R., Fertilitätstrends, Berlin 1974.
Kirsch, G., Neue Politische Ökonomie, Düsseldorf 1983.
Kleinewefers, H., Reformen für Wirtschaft und Gesellschaft, Frankfurt, New York 1985.
Kleinewefers, H., Grundzüge einer verallgemeinerten Wirtschaftsordnungstheorie, Tübingen 1988.
Kitschke, A., Marktwirtschaft und Zentralverwaltungswirtschaft als konkurrierende Wirtschaftsordnungen, München 1975.
Kloten, N., Der Staat in der sozialen Marktwirtschaft, Tübingen 1986.
Krelle, W. und *Gabisch, G.*, Wachstumstheorie, Berlin, Heidelberg, New York 1972.
Kockläuner, G., Eine nichtlineare Analyse der sozio-ökonomischen Entwicklung von Nationen, ZWS (Zeitschrift für Wirtschafts- und Sozialwissenschaften) 107 (1987) 4.
Kolb, M., Leistungsdeterminanten, in: Personalenzyklopädie, München 1978.
Koselleck, R., Preußen zwischen Reform und Revolution, Stuttgart 1987.
König, H., Wachstum und Entwicklung der Wirtschaft, Köln, Berlin 1986.
Krahl, H., Der sozialerzieherische Aspekt franziskanischer Geistigkeit, Werl 1974.
Krause, F., *Bossel, H.*, *Müller-Reißmann, K.*, Energie, Wende, Wachstum und Wohlstand ohne Erdöl und Uran, Frankfurt 1981.

Krause-Junk, G., Abriß der Theorie von öffentlichen Gütern, Tübingen 1979.

Krüsselberg, W., Ordnungstheorie, Zur Konstituierung und Begründung der Rahmenbedingungen, in: Bievert, B., Held, M. (Hrsg.) Ethische Grundlagen der ökonomischen Theorie, Frankfurt, New York 1989.

Külp, B., Wohlfahrtsökonomie, Tübingen, Düsseldorf 1984.

Lachmann, L. M., Makroökonomischer Formalismus und Marktwirtschaft, Tübingen 1975.

Lampert, H., Die Wirtschafts- und Sozialordnung der BRD, München 1990.

Laski, H. (Hrsg.), Beiträge zur Diskussion und Kritik zur neoklassischen Ökonomie, Berlin, Heidelberg, New York 1979.

Le Coutre, W., Zeitgemäße Bilanzierung, Die statische Bilanzerfassung und ihre praktische Anwendung, Wien 1934.

Leisner, W., Der Triumph: Erfolgsdenken als Staatsaufgabe, Berlin 1985.

Leipold, H., Wirtschafts- und Gesellschaftssysteme im Vergleich, Stuttgart 1980.

Leisegang, H., Die verfassungsrechtliche Ordnung der Wirtschaft, Hamburg 1977.

Lindeboom, J., Erasmus, Wiesbaden 1956.

Linton, R., Gesellschaft, Kultur, Individuum, Tübingen 1974.

Lisop, J., Wirtschaft und Erziehung, in: *Ellwein, T.* u. a. (Hrsg.), Erziehungswissenschaftliches Handbuch, Berlin 1969.

Littmann, K., Steuerreform statt Tarifanpassung, Berlin 1985.

Locke, J., Consequences of the lowering of interest and raising the value of money, London 1681.

Lüthi, A., Messung wirtschaftlicher Ungleichheit, Berlin 1981.

Lüthi, A., Eine langfristige ökonomische Perspektive unter demographischen, ökologischen und technologischen Randbedingungen, Grüsch 1988.

Marx, K. und *Engels, F.*, Manifest der Kommunistischen Partei, in: Marx/Engels-Werke, Bd. 4, Berlin 1983.

Marx, K., Das Kapital, Bd. 3, in: Marx/Engels-Werke, Bd. 23.3., Berlin 1983.

Marx, K., Die deutsche Ideologie, in: Marx/Engels-Werke, Bd. 3, Berlin 1983.

Maslow, A. H., Motivation und Persönlichkeit, Freiburg 1977.

McClelland, D. C., Die Leistungsgesellschaft, Stuttgart 1966.

McLaughlin, M. M., Überlebende und Stellvertreter, Kinder und Eltern zwischen dem 9. und 13. Jahrhundert, Berlin 1957.

Mestmäcker, E. J., Recht und ökonomische Gesetze, Baden-Baden 1984.

Mestmäcker, E. J., Recht und Gesittung in einer freien Gesellschaft, Bonn 1985.

Merklein, R., Die Deutschen werden ärmer, Hamburg 1982.

Miegel, M., Wohlstand für alle – Was wurde erreicht?, in: Vermögenspolitik in der sozialen Marktwirtschaft, Stuttgart, New York 1987.

Miller, S. M., Poverty Research in the Seventies, in: Journal of Social, Issnes 1970.

Molitor, B., Wirtschaftstätigkeit des Staates in der Marktwirtschaft, in:

Naumburger Jahrbuch für Wirtschaft und Gesellschaftspolitik, Tübingen 1985.

Möller, H., Zur Theorie und Politik der Wirtschaftsordnung, Tübingen 1983.

Möller, K., Entwicklung von Bevölkerung und Haushalten in der BRD bis zum Jahr 2000, Berlin 1982.

Morscher, S., Kommunale Unternehmung zwischen Eigenwirtschaftlichkeit und öffentlichem Auftrag, Wien 1982.

Müller-Armack, A., Wirtschaftslenkung und Marktwirtschaft, München 1990.

Murray, H. A., Explorations in Personality, New York 1938.

Musgrave, R. A.; Musgrave, P. B.; Kullmer, L., Die öffentlichen Finanzen in Theorie und Praxis, Tübingen 1975.

Musgrave, R. A., Finanztheorie, Tübingen 1966.

Myrdal, G., Ökonomische Theorie und unterentwickelte Regionen, Frankfurt 1974.

Nachtkamp, H., Staatsverschuldung als Folge allokations-politischer Grundentscheidungen, Stuttgart 1983.

Neuberger, O., Unternehmenskultur und Führung, Augsburg 1985.

Neuberger, O., u. a., Individuelles Handeln und sozialer Einfluß, Stuttgart 1985.

Neumann, M., Theoretische Volkswirtschaftslehre, München 1988.

Neumann, J., Humankapitaltheorie und Probleme des internationalen Vergleichs, in: *Clement, W.* (Hrsg.), Konzept und Kritik des Humankapitalansatzes, Berlin 1981.

Nohlen, P. und *Nuschler, F.*, Handbuch der Dritten Welt, Hamburg 1982.

Nunnenkamp, P., Kapitalabflüsse aus der Dritten Welt und Schuldenerlaß, Köln 1988.

Nunnenkamp, P., Die Rolle der Regierungen in Schuldner- und Gläubigerländern bei der Überwindung von Verschuldungsproblemen der Dritten Welt, ZWS 107 (1989) 2.

Oerter, R. und *Montada, L*, Entwicklungspsychologie, München, Weinheim 1987.

O'Neill, C. J., Bevölkerungspolitik und Fertilität in West- und Nordeuropa, in: *Khalatbari, P.* (Hrsg.), Fertilitätstrends, Berlin 1984.

Olson, M., Aufstieg und Niedergang von Nationen, Tübingen 1985.

Oppenländer, K., Wachstumstheorie und Wachstumspolitik, München 1988.

Oresme, N., Tractatus de orgine, natura iura et mutationibus monetarum, in: *Schorer, E.* (Hrsg.), Traktat über Geldabwertungen, Jena 1937.

Ossenbühl, F., Das elterliche Erziehungsrecht im Sinne des Grundgesetzes, Berlin 1984.

Pearson, L. B., Partners in Development, London 1969.

Petzold, K., Die Grundlagen der Erziehungslehre im Spätmittelalter und bei Luther, Heidelberg 1969.

Popper, K. R., Die offene Gesellschaft und ihre Feinde, Tübingen 1980.

Popper, K. R., Objektive Erkenntnis, Hamburg 1984.

Popper, K. R., The Myth of the Framework (Der Mythos des Systems), Peru Ill. 1976.

Pressat, R., Die gegenwärtige Fertilität der Bevölkerung Frankreichs, in: *Khalatbari, R.* (Hrsg.), Fertilitätstrends, Berlin 1984.

Püttner, G., Die öffentlichen Unternehmen, Stuttgart 1985.

Raschen, M., Geldmenge, Inflation und wirtschaftliche Entwicklung in der Dritten Welt, Bochum 1986.

Rauscher, A., Selbstinteresse und Gemeinwohl, Berlin 1985.

Rauscher, A., Kirche in der Welt, Bd. III, Würzburg 1988.

Redlow, G., Theorie – Theoretische und praktische Lebensauffassung im philosophischen Denken der Antike, Berlin 1966.

Reichwald, R., Arbeit als Produktionsfaktor, Basel 1977.

Recktenwald, H. C., Ordnungstheorie und ökonomische Wissenschaft, Erlangen 1985.

Recktenwald, H. C., Ethik, Selbstinteresse und bonum commune, Eine Analyse der klassischen Ordnungstheorie A. Smiths, in: *Enderle, G.* (Hrsg.), Ethik und Wirtschaftswissenschaft, Berlin 1985.

Recktenwald, H. C., Das Selbstinteresse, Zentrales Axiom der ökonomischen Wissenschaft, Mainz 1986.

Rieger, W., Einführung in die Privatwirtschaft, Nürnberg 1928.

Rippe, W. (Hrsg.), Wirtschaftstheorie als Verhaltenstheorie, Berlin 1980.

Rose, K., Grundlagen der Wachstumstheorie, Göttingen 1984.

Rosen, B. C. und *Andrade, R.*, Die psychologischen Ursprünge des Leistungsmotivs, in: *Fraumann, C. F.* (Hrsg.), Pädagogische Psychologie, Frankfurt 1973.

Röhrisch, W. (Hrsg.), Gesellschaftssysteme der Gegenwart, Opladen 1986.

Ross, J. B., Das Bürgerkind in den italienischen Stadtkulturen zwischen dem 14. und 15. Jahrhundert, München 1963.

Ruchti, H., Die Abschreibung, Ihre grundsätzliche Bedeutung als Aufwandsfaktor, Ertragsfaktor, Finanzierungsfaktor, Stuttgart 1953.

Rupp, S. und *Schwarz, K.*, Beiträge zur bevölkerungswissenschaftlichen Forschung, Boppard 1983.

Sachverständigenrat zur Begutachtung der gesamtwirtschaftlichen Entwicklung, Jahresgutachten 1985, Auf dem Weg zu mehr Beschäftigung, Bonn 1985.

Sarrazin, Th., Ökonomie und Logik der historischen Erklärung, Bonn-Bad Godesberg 1974.

Sauermann, H., Das Problem der schleichenden Inflation, Berlin 1966.

Schäfer, H. B. (Hrsg.), Ethische Grundlagen der Wirtschafts- und Rechtsordnung, Hamburg 1988.

Schäuble, G., Theorien, Definitionen und Beurteilung von Armut, Berlin 1984.

Scherer, G., Struktur des Menschen, Grundfragen philosophischer Anthropologie, Essen 1976.

Schmalenbach, E., Dynamische Bilanz, Köln, Opladen 1956.

Schmidt-Aßmann, E., Der Rechtsstaat, in: Handbuch des Staatsrechts der BRD 1987, Bd. 1, Heidelberg 1987.

Schmidt, F., Die organische Bilanz im Rahmen der Wirtschaft, Leipzig 1921.

Schmidt, H. J., Wirtschaftlichkeit in der öffentlichen Verwaltung, Berlin, Bielefeld, München 1989.

Schmidtke, H., Lehrbuch der Ergonomie, München 1974.

Schneider, H., Mikroökonomie, München 1986.

Schneider, F., Wertewandel, Demokratie, Gesellschaft, Stuttgart 1987.

Schorer, E. (Hrsg.), Traktat über Geldabwertungen, Jena 1937.

Schraad, N., Strukturwandel und dynamische Effizienz in unterschiedlichen Wirtschaftsordnungen, Berlin 1985.

Schultz, T. W., In Menschen investieren, die Ökonomik der Bevölkerungsqualität, Tübingen 1986.

Schumpeter, J. A., Theorie der wirtschaftlichen Entwicklung, Leipzig 1912.

Sen, A., Poverty and Famines, An Essay on Entitlement and Deprivation, Oxford 1981.

Siebert, H., Wirtschaftliche Zwänge, Tübingen 1985.

Siebert, H., Einführung in die Volkswirtschaftslehre, Stuttgart 1989.

Sievering, U. O. (Hrsg.), Kritischer Rationalismus heute, Frankfurt 1989.

Sik, O., Wirtschaftssysteme, Vergleiche – Theorie – Kritik, Heidelberg, New York 1987.

Smith, A., An Inquiry into the Nature and Causes of the Wealth of Nations (Der Wohlstand der Nationen, Eine Untersuchung seiner Natur und Ursachen), *Recktenwald, H. C.* (Hrsg.), München 1974.

Sommerfeld, H., Endynamische Bilanz, Stuttgart 1955.

Spinner, W., Zu einer allgemein politischen Theorie der Bedürfnisse, Tübingen 1976.

Stahl, P., Solarzellen für den Weltmarkt, in: *Siemens*-Zeitschrift, Berlin, München 64 (1990) 3.

Stahlmann, H., Verdrängt die Inflation den Privatbankier? Ein Beitrag zur Vermeidung inflationsbedingter Wettbewerbsnachteile, Berlin 1980.

Statistisches Bundesamt, Statistisches Jahrbuch 1990 für die Bundesrepublik Deutschland, Stuttgart 1990.

Steinmann, G., Zusammenhänge zwischen Bevölkerungs- und Wirtschaftsentwicklung in der BRD, Wiesbaden 1984.

Steinmann, G., Economic Consequences of Population Change in Industrialized Countries, Berlin 1984.

Steinmann, G., Probleme und Chancen demographischer Entwicklung in der Dritten Welt, Berlin 1988.

Stier, P., Handbuch Entwicklungsländer, Sozialökonomische Prozesse, Fakten, Strategien, Berlin 1988.

Stober, R., Politische und ökonomische Rationalität im Staats- und Verwaltungsrecht, in: Jahrbuch für Neue Politische Ökonomie 1989.

Stober, R., Zur wirtschaftsverwaltungsrechtlichen Bedeutung des Rechtsstaatsprinzips, Archiv des öffentlichen Rechts, Bd. 113, 1988.

Stolte-Heiskanen, V., Familienplanungskonzepte neu betrachtet, Ein kritischer Überblick, in: *Khalatbari, P.* (Hrsg.), Demoökonomische Probleme der Entwicklungsländer, Berlin 1979.

Strafgesetzbuch der VR China vom 1. 7. 1979, Berlin 1989.

Strahm, R., Warum sie so arm sind, Wuppertal, Hannover 1985.
Strehl, F., Reformarbeit in bürokratischen Organisationen, Baden-Baden 1989.
Streißler, E., Zur Theorie der marktwirtschaftlichen Ordnung, Tübingen 1989.
Stübig, F., Erziehung zur Gleichheit, Ravensburg 1974.
Stützel, W., Grundtexte zur sozialen Marktwirtschaft, Stuttgart, New York, 1981.
Thomae, H., Kulturelle Systeme als Sozialisationsvariablen, in: *Thomae, H.* (Hrsg.), Handbuch der Psychologie, Bd. VII/2, Göttingen 1972.
Tietzel, M., Über die Unmöglichkeit von Wirtschaftsprognosen, in: diet Formu, Bd. 11, 1981/82.
Tietzel, M., Moral und Wirtschaftstheorie, ZWS 106 (1986) 1.
Timmermann, V., Entwicklungstheorie und Entwicklungspolitik, Göttingen 1982.
Tinbergen, J., Reshaping the international Order, New York 1976.
Topitsch, E., Theorie und Prognose in den Sozialwissenschaften, Frankfurt 1976.
Tuchtfeldt, E., Die Marktwirtschaft zwischen gestern und morgen, Berlin 1972.
Uhlig, G., Die historische Entwicklung des Erziehungszieles in der Deutschen Demokratischen Republik, Berlin 1969.
Vanberg, V., Die zwei Soziologien, Individualismus und Kollektivismus in der Sozialtheorie, Tübingen 1975.
Verfassung der Volksrepublik China vom 9. 12. 1982 und Änderungen vom 12. 4. 1988, zitiert nach: *Harke, G.*, Volksrepublik China, Staat, Demokratie, Leistung, Berlin 1979.
Vontobel, J., Leistungsbedürfnis und soziale Umwelt, Zur soziokulturellen Determination der Leistungsmotivation, Bern 1970.
Wagner, H., Leistung und Leistungsdetermination, in: Handwörterbuch des Personalwesens, Stuttgart 1975.
Walb, E., Die finanzwirtschaftliche Bilanz, Wiesbaden 1966.
Warnke, J., Die Neuorientierung der deutschen Entwicklungspolitik, in: Entwicklungspolitik im Spannungsfeld von Solidarität und Eigeninteresse, Stuttgart, New York 1976.
Watrin, C., Gesellschaftliche Wohlfahrt, Zur volkswirtschaftlichen Sucht der Gemeinwohlproblematik, in: *Rauscher, A.* (Hrsg.), Selbstinteresse und Gemeinwohl, Berlin 1985.
Welge, H., Unternehmensführung, Stuttgart 1985.
Weltbank, Weltentwicklungsbericht 1983, Frankfurt 1983.
Wicke, L., Umweltökonomie, 2. Auflage, München 1989.
Wingen, M., Grundfragen der Bevölkerungspolitik, Stuttgart 1975.
Wingen, M., Bevölkerungspolitik als politisches Problem, München 1986.
Wingen, M., Generative Entscheidungen im Spannungsfeld zwischen individueller und gesellschaftlicher Rationalität, Stuttgart 1983.
Wingen, M. und *Lampert, H.*, Familien und Familienpolitik, Bachem 1986.
Wingren, G., Luthers Lehre vom Beruf, München 1952.

Wilkens, H. und *Petersen, H.*, Wirtschaftliche, soziale und politische Bedingungen der Entwicklung, München 1985.

Witte, E., Die Neuordnung der Deutschen Bundespost, in: *Eichhorn, P.* (Hrsg.), Unternehmensverfassung in der privaten und öffentlichen Wirtschaft, Baden-Baden 1989.

Woll, A., Allgemeine Volkswirtschaftslehre, 10. Auflage, München 1990.

Wunderer, R., Führungsgrundsätze in Wirtschaft und öffentlicher Verwaltung, Stuttgart 1983.

Weber, M., Wirtschaft und Gesellschaft, Tübingen 1980.

Weber, M., Gesammelte Aufsätze zur Religionssoziologie I/II, Tübingen 1988.

Weber, M., Gesammelte Aufsätze zur Wissenschaftslehre, Tübingen 1988.

Weber, M., Gesammelte Aufsätze zur Soziologie und Sozialpolitik, Tübingen 1988.

Windisch, R., Privatisierung natürlicher Monopole im Bereich Bahn, Post und Telekommunikation, Tübingen 1987.

Zapf, W., Lebensbedingungen in der Bundesrepublik, Frankfurt 1983.

Zeppernick, R., Zur Rolle des Staates in der sozialen Marktwirtschaft, Tübingen 1987.

Zhao Ziyang, Bericht über die Tätigkeit der Regierung vom 25.3. 1987, zitiert nach: *Harke, R.*, Volksrepublik China, Staat, Demokratie, Leistung, Berlin 1989.

Zintl, R., Individualistische Theorie und Ordnung der Gesellschaft, Berlin 1983.

Zohlnhofer, W., Wachstumsminderung, Lüneburg 1982.

Zoppel, Chr., Zukunft und staatliche Verantwortung, Baden-Baden 1987.